语文教师的诗意情怀

YUWEN JIAOSHI DE SHIYI QINGHUAI

孙鸿飞 著

江苏凤凰教育出版社
Phoenix Education Publishing, Ltd

图书在版编目（CIP）数据

语文教师的诗意情怀 / 孙鸿飞著.
—南京：江苏凤凰教育出版社，2019.4

ISBN 978-7-5499-8017-8

Ⅰ.①语… Ⅱ.①孙… Ⅲ.①中学语文课—教学研究
Ⅳ.①G633.302

中国版本图书馆CIP数据核字(2019)第073193号

书　　名	语文教师的诗意情怀
作　　者	孙鸿飞
责任编辑	雷利军　张晓兰
出版发行	江苏凤凰教育出版社（南京市湖南路1号A楼　邮编210009）
苏教网址	http：//www. 1088. com. cn
照　　排	北京智成同心图文设计有限公司
印　　刷	三河市九洲财鑫印刷有限公司
厂　　址	河北省三河市灵山大口
开　　本	787毫米×1092毫米　1/16
印　　张	13.75
字　　数	165千字
版　　次	2019年5月第1版　2019年5月第1次印刷
书　　号	ISBN 978-7-5499-8017-8
定　　价	35.00元
网店地址	http：//jsfhjycbs. tmall. com
邮购电话	025-85406265,85400774　短信　02585420909
E - mail	jsep@vip. 163. com
盗版举报	025-83658579

苏教版图书若有印装错误可向承印厂调换
提供盗版线索者给予重奖

序

在第五届、六届、八届和九届由中国教育报刊社人民教育家研究院主办的“名家人文教育高端论坛暨名师课堂研讨会”上，我先后听过孙鸿飞老师执教的《台阶》《心中的鹰》《伟大的悲剧》《黄河颂》四篇课文。这些课文所写的内容，距离当今孩子的生活比较远，要想让他们走进这陌生的世界，并去触摸彼时彼地作者感情脉搏的跳跃，绝对不是一件容易的事情。孙鸿飞老师在“披文以入情”的时候，带着学生包括听课的老师，一步步地走进了那或悲壮或壮美的意境之中，并让大家由此理解了作者的写作意旨，甚至在一定程度上还升华了生命的境界。

有人叩问其何以有如此高超的教学艺术？

其实，如果深入地对孙鸿飞老师进行一番了解就会发现，其高超教学艺术的背后是底蕴，是功夫，恰如庖丁解牛之所以能进入“恢恢乎其于游刃必有余地矣”的境地，是他 19 年“解数千牛”功夫的自然外化而已。

也许有人会提出疑问，有很多教师教学 29 年、39 年甚至更长时间，也没有达到孙鸿飞老师的水平，更何况他的教学生涯只有十几年！

在相同的生命时段，不同的人的发展优劣、快慢也是千差万别的。有的教师也在教学，可他看的最多的是教参，鹦鹉学舌般地给学生上课，极少读书更遑论读古今中外的经典，亦无自己的思想，久而久之，非但鲜有发展，甚至连在大学所学的东西也逐渐忘却了。天天如此，当一天和尚撞一天钟，生命谈何发展？孙鸿飞老师不是这样的。他认为，生命不能在同一个平面上滑移，更不能倒退，而应不断飞跃发展。他说，每一次上课，对他和学生来说都是一次精神的盛宴。上课之前，他都要做精心的准备，不但要查阅大量的资料，还要设计最佳的教学思路，并在形成自己的语系与风格方面持续不断地行走着。这会耗去他很多时间，可他认为，只要能让学生学有所得、学有多得，一切付出都是值得的。上天是公平的，他在一心为了学生学好而努力的同时，教学水平也逐渐攀升，他的课也越来越受学生的喜爱。于是，上课对于他来说，不再艰难，更非痛苦，而成了一种精神享受。近20年的功夫，让他有了由量变到质变的飞跃，从而形成了大气磅礴而又富有诗意的教学风格。

不仅如此，近20年来一以贯之的读书，也是形成其底蕴与功夫的重要元素。

也许有人会说，我也读书，为什么没有孙鸿飞老师发展得这么快呢？

因为读书有一个原则：取法乎上，得乎其中；取法乎中，得乎其下。有的人读了不少书，但由于所读书的思想、文化品位较低，反而在无意中被其所伤害。而孙鸿飞老师一直在进行取法乎上的阅读。他读《论语》《周易》《史记》等中国古代经史子集类的书，也读康德、黑格尔、尼采、叔本华等西方哲学家的书。他坦言，其中有些内容读不懂，可还是会去读，久而久之，便有了意想不到的收获。对此，我感同身受，20世纪80年代初读李泽厚的《美的历程》《论语今读》时，有些内容读起来也远非现在这般明白。包括30多年来我一直订阅的《文学评论》，有些文章的内容也不能阅而知之，可是我喜欢这种感觉，越读越割舍不下。包括阅读《周易》等书的时候，也有这种感觉。可是，正是在几乎天天阅读甚至背诵这些书的过程中，慢慢感到自己的生命敞开了，被书中的思想与精神照亮了，就连语言也有了一定的“文”味。

孙鸿飞老师在课堂上的即兴而讲，虽信手拈来，却“文”味悠长；慷慨激昂时，则有“大江东去，浪淘尽，千古风流人物”的雄壮之美，以及诗的意蕴与美妙。

他这本书的书名是《语文教师的诗意情怀》，其中不少内容都荡漾着诗意之美。其中第三部分，则是他读了美学家朱光潜《谈美》一书后所写的文章。每读一篇，他便写下一篇感悟，便有了“诗意的教育理解”的丰沛内容。他自谦说“其中大多的观点都是朱光潜先生在文学创作上的美学观点”。其实，他是将文学创作的美学理论，“道法自然”地迁移到了教育教学之中，并以文字作为载体书写下来。观其课堂教学，便可以在不经意间看到美学的影子，美学中所谈到的崇高美、悲剧美，都在他某些课堂教学中彰显出一种特殊的能量，让人在感怀不已的同时，生成对美的无限向往。

行文至此，读者也许能若有所悟了吧？

由此看来，孙鸿飞老师取法乎上之读，是直奔大师而去的，虽未谋面，心灵深处却已拜他们为师，并“学而时习之”了。他之所以能够高质快速地发展，也就不再是难解之谜了。

我几十年来所采访的真正意义上的名师，几乎无一例外地在读大师的作品，又将其运用到自己的教育教学实践中，从而成长起来。孙鸿飞老师已经“飞”出了哈尔滨，在全国不少地方展翅翱翔。相信他未来会“飞”得更高，更远。

陶继新

（陶继新，山东教育社编审、山东省作家协会会员、中国孔子基金会传统文化教育分会副会长、中国教育学会传统文化教育中心副主任、山东省语言文字工作者协会副理事长。《中国教育报·读书周刊》2005年度十大推动读书人物。）

目录

目录

引　言

课是教师的生命辙迹

特级教师王崧舟认为，教师对待职业的态度可分为四重境界：第一重是功利境界，这是谋生的境界。第二重是道德境界，这主要基于一种责任。第三重是科学境界，你为学问活着，你是为学问在上课，你在试验你的思想，考量你的做法。你会发现，原来单调乏味的课，在你面前呈现出一种崭新的面貌。第四重是生命境界，这是最高的境界。他用富有哲理的语言描述着这种境界：“在这样一段时间中，我会迎来又一次生命与生命的交流，生命与生命的沟通，生命与生命的美丽邂逅！我支付的是生命，结缘的是生命，最后收获的还是生命。在生命境界中，你会对自己的每一个当下，每一个时刻负起责任；你会深深地体认到，我的人生是怎么来的。我的人生就是由一节一节的课组成的；我的人生的意义就是由一节一节的课的意义组成的。”

是的，作为教师，我们的人生就是由一节一节的课组成的。我们的一生大部分时间都在课堂上，无论你是否意识到，是否承认，课堂就是我们的生命组成，因为时间是生命唯一的矢量，时间就是生命。如此说来，作为教师，我们对待职业的态度、课堂的态度，就是我们对待人生、对待生命的态度。由此观之，一节一节的课铺设了教师的生命之路，教师一步一步走在这条生命之路上，课就成了教师的生命辙迹。

我于 2000 年任风华机械厂子弟中学（今哈尔滨风华中学）语文

教师，至今工作已 18 年，假设按平均每天两节课计算（实际多于两节），我已经上了 13140 节课；假设每节课按 40 分钟算，上课时间已有 525600 分钟，即 8760 个小时……语文教师最不擅长的可能就是计算，但我想每一个热爱生命的人看到这几个数字都会心头一颤，内心如波涛巨浪，翻滚不已，许多复杂的情绪漫上心头。

所以，我们都不能否认，课就是一名教师的生命辙迹。“人生到处知何似？应似飞鸿踏雪泥。泥上偶然留指爪，鸿飞那复计东西。”特别喜欢苏轼的这几句诗，常戏称是我起名字的典故，更让我深思的是一只“鸿鸟”在有限的生命中是不是可以留下一痕印迹，哪怕只有浅浅的一痕。作为教师，课堂就是我们的生命，那么我们是否能够留下生命的辙迹，哪怕只有浅浅的一痕……

人生若只如初见

2000 年，我意气风发，风华正茂。21 岁，春天一样的年龄，“像刚落地的娃娃，从头到脚都是新的”“像健壮的青年，有铁一般的胳膊和腰脚”，干劲十足。学校领导十分重视培养新教师，年轻的我不用扬鞭自奋蹄。人生初见，是一种美好的憧憬，一种热切的期待，更是一种炼狱般的涅槃，一种蜕变的新生。美学家朱光潜在《谈美》一书中这样表述：“看倒影，看过去，看旁人的境遇，看稀奇的景物，都好比站在陆地上远看海雾，不受实际的切身的利害牵绊，能安闲自在地玩味目前美妙的景致。看正身，看现在，看自己的境遇，看习见的景物，都好比乘海船遇着海雾，只知它妨碍呼吸，只嫌它耽误程期，预兆危险，没有心思去玩味它的美妙。持实用的态度看事物，它们都只是实际生活的工具或障碍物，都只能引起欲念或嫌恶。要见出事物本身的美，我们一定要从实用世界跳开，以‘无所为而为’的精神欣赏它们本身的形象。总而言之，美和实际人生有一个距离，要见出事物本身的美，须把它摆在适当的距离之外去看。”回想初为人师的岁月，就像普希金诗中所言：“一切都是瞬息，一切都会过去，而逝去的将会是美好的回忆。”

在最初工作的五年（2000—2005 年），我的生命之路中最清晰的辙迹有三节课。

第一节课是在 2002 年讲授的徐志摩的《再别康桥》。记得当时还没有网络教室，我用了近两个月的时间自己制作了徐志摩诗词学习网页，将徐志摩的生平资料、诗歌、照片等都下载到电脑中，自己配乐制作音频、视频，并培训学生如何使用这个网页。然后，我将其他教师的手提电脑借来，将自制的学习网页拷贝到每台电脑里，确保学生四个人有一台电脑，以进行小组交流活动。现在回想起来，年轻时的自己充满了工作激情，有了想法便会不遗余力地去实施，白天正常工作教学，晚上加班制作学习网页，目的就是上一节好课，上一节让学生有兴趣、有乐趣、有启发、有思考的课。青春就是财富，虽然没有那么多丰富的经验、授课的技巧、深刻的理解，但是有满腔的热情、无限的活力，还有那么多新鲜的点子。

记得有一次讲魏巍的《谁是最可爱的人》，我对学生说：“今天的课很特殊，我请了一位军人来给大家做报告，回答大家的问题。”然后我到洗手间换上借来的军装，摘了眼镜，走进教室，颇为正规地敬了一个军礼，然后坐下来讲述课文里的故事。这节课讲了什么知识我和学生或许都不记得了，但多年之后我们相见，他们还对这节课津津乐道。当年的学生唐琳曾在给我的一封名为《迟到的理解》的信中这样写道：“老师，您还记得那次有趣的课吗？我清晰地记得您给我们讲的《谁是最可爱的人》，您摘了眼镜，穿了一身军装，还带了一顶军帽，严肃而认真地以第一人称给我们介绍了‘你们’抗美援朝的日子。同学们都听得很认真，我也由此对这篇课文有了特殊的感情，记得很牢固。现在我才意识到，您完全可以把它上成一堂极其普通的语文课，然而您没有，为了让同学们听好课，您费尽心思。我敬佩您的敬业精神！”

一堂好的语文课有很多评判标准，但我认为首先是要走入学生生命。语文教师最大的慈悲莫过于将语文作为一颗种子埋入学生的心底，这颗种子在学生内心，不断得到灌溉、滋润，慢慢地生根，发芽，成长为一棵生命的大树。在学生迷茫时，这颗种子会给他指引方向；在学生困惑时，这颗种子会帮他寻找答案；在学生丧气时，这颗种子会给他信心。无论什么时候，因为有这颗种子，他永远崇尚高雅、永远追慕博学、永远敬佩磊落、永远期望有为、永远对文字葆有兴趣，充满学习的乐趣，充满作为一个中国人的自豪。这是让每一个教育工作者想想都美好的事情，更是每一个教育工作者的责任。

第二节课是2003年我参加学校第五届校园文化节赛课，教授肖复兴的《母亲》，获得了二等奖。现在回想起来，这节课无论是在文本解读上还是在多媒体的应用上都有很大的硬伤，如教学时我只是在深入挖掘《母亲》一文的情感因素，激情渲染，情郁于中，未能深入挖掘文本中的母亲是“我”的后母，这种爱是否更博大、更深邃、更让人感动。

但这节课，已多多少少渗透了我个人对语文教学的认识。不管自己是否意识到，每个语文教师在教学实践中都有意无意地对语文是什么做着属于自己的诠释和演绎。辩证唯物主义认为，世界观决定方法论。世界观主要解决世界“是什么”的问题，方法论主要解决“怎么办”的问题。有了世界观才有方法论，世界观变了，方法肯定也会变的。你认为“语文是什么”“语文应该教什么”，都在你的课堂中淋漓尽致地实现着。对语文不同的认识决定了语文课究竟教什么，语文课教什么决定了教师在语文课上怎么教，教师在语文课上怎么教就形成了教师的教学风格。

下面说说语文的发展历史。1904年颁布的《奏定学堂章程》在“学务纲要”中规定：“其中国文学一科，并宜随时试课论说文字，及教以浅显书信记事文法，以资宦科实用，但取理明辞而止。”“中国文学一科”的出现标志着语文教育从中国古代教育的一元混合中独立出来。

1904—1949年，课程名称曾使用过“读经讲经”“中国文字”“中国文学”“国文”等，直到1949年中华人民共和国成立，“语文”这个沿用时间最长、争论最多的名字才正式诞生。

关于“语文”学科的定名，叶圣陶先生曾说：“‘语文’一名，始用于1949年华北人民政府教科书编审委员会选用中小学课本之时。此前中学称‘国文’，小学称‘国语’，至是乃统而一之。彼时同人之意，以为口头为‘语’，书面为‘文’，文本于语，不可偏指，故合言之。”“其后有人释为‘语言’‘文字’，有人释为‘语言’‘文学’，皆非立此名之原意。”时至今日，还有不同的理解。“我们所说的‘语文’的含义，是十分丰富的。实际上包含‘汉语’和‘汉文’。语，包括口头语和书面语；文，包括文学、文章在内。语文，不单指语言和文字；语文教育也不单指语言和文字的教育，还包括有广泛意义的文章和文学的教育。乃至与一般文化有关的教育。”（张隆华、曾仲珊的《中国古代语文教育史（第二版）》）

《义务教育语文课程标准（2011年版）》（以下简称“语文新课标”）中指出：“语文课程致力于培养学生的语言文字运用能力，提升学生的综合素养，为学好其他课程打下基础；为学生形成正确的世界观、人生观、价值观，形成良好个性和健全人格打下基础；为学生的全面发展和终身发展打下基础。语文课程对继承和弘扬中华民族优秀文化传统和革命传统，增强民族文化认同感，增强民族凝聚力和创造力，具有不可替代的优势。”

语文课程的意义和价值广泛而又深远，所以关于语文是教“内容”（人文性）还是教“形式”（工具性）的问题，人们争论不已。

作为一线语文教师，首先，我认为教“内容”离不开“形式”，而单纯教“形式”的语文也是不复存在的，“形式”中承载着“内容”，而“内容”必须由“形式”呈现，在这一点上，两者应该是密不可分的，是统一的。其次，我认为语文课必须是“情意浓浓”的，语文教育的灵魂就在于“情”字，如刘勰在《文心雕龙》里说：“夫缀文者情动而辞发，观文者披文以入情。”在语文课堂上，我不反对分析，不反对语文知识、写作知识、阅读知识的渗透，但前提是要让学生充分地体验，打开学生的生命情感之门，从而让学生感受到语文的精彩和魅力。在这个基础上，再跟学生谈方法，谈技巧。这样的知识和技巧才具有灵魂，具有力量，否则语文学习永远是枯燥乏味的。所以，语文教师首先应该引导学生去感受语言文字所承载的思想和感情。

第三节课是2005年的“以《月下独酌》为例谈李白诗作风格”，这节课获全区引领课一等奖、东北“三省四市”教学实践成果评选一等奖。

现在看来，这节课中多了些稚嫩的表达，少了些厚重的思考，但这节课也呈现了我对语文课堂教学语言的追求。语文教师素质的一个突出表现，就是课堂教学语言。它不单单是口头表达技巧的问题，还是教师的知识总量、应变智慧、道德修养及性格特征的外在表现。叶圣陶先生说：“凡是当教师的人，绝无例外地要学好语言，才能做好教育工作和教学工作。”教师只有掌握语言的艺术，才能增强课堂的生命力，才能铸就学生高尚的灵魂。就如全国著名特级教师于漪说的：“将教学语言的科学性和教育性，用艺术化的优美形式和方法诉诸学生的感官，使之入耳入脑入心灵，既准确、明晰、自信、沉着、雄辩，闪耀着理性的光辉，又风趣、生动、形象、亲切、自然，充满诗情画意，令人赏心悦目。”

语文是感性的、诗意的，语文用形象作词，用感情谱曲。它看上去是一幅幅多姿多彩、形象鲜明的画；读出来是一首首情真意切、感人肺腑的诗。

我们每个人都应该记住自己走上工作岗位的“人生初见”阶段，当时对教师的认识、对教学的认识、对语文的认识，在很大程度上会对自己以后的教育教学产生非常重要的影响。时至今日，我对语文教学更深入的认识,很大程度上启蒙于自己在最初五年对它的一种“相见”感觉。“人生若只如初见”，那初见的美丽魂牵梦萦，正如黎巴嫩作家纪伯伦说的：“不要因为走得太远，而忘记了我们为什么出发。”

众里寻他千百度

人生就是经历，过程不可省略。一些人可以从别人的成长中得到经验教训，而大多数人都只相信自己的与众不同，非要在别人走过的弯路上走一遭后再告诉自己：此路不通，绕路而行。我也是个普通人，2005—2012 年这七年，是我的人生状态发生变化的时期——结婚生子、遭遇了专业成长的困惑。清代文学家周容在《芋老人传》中告诉我们一个道理：时位移人。是的，人生状态的变化会影响一个人对人生价值的判断，会影响一个人对世界、对人生的看法，周围事物的变化也会影响一个人对人生意义与人生价值的思考。

我自诩是一个理想主义者。对于教育，我特别喜欢王栋生老师所描绘的教育的理想状态：早晨孩子们背着书包去上学，嘴里哼着歌，一路上还可以停下来欣赏一下沿途的风光；在学校里跟老师、同学们愉快地待在一起，课堂上积极地探讨问题，有许多收获；下午四点钟的时候，高高兴兴地回到家里，向妈妈深情吟诵今天刚学会的诗歌，跟她谈论自己的理想。但理想和现实之间有一段很长的路要走，就如余映潮老师所说的，“每一个人的道路上，命运都可能安排你像纤夫一样背负着重力在无路可走的地方走一段路，你只能咬牙，艰难地跨出带着呻吟的步子，向前走”。而这段路，我们必定是要在孤独、痛苦、矛盾、坚忍中前行。

在自己的专业成长之路上，这种感觉更加明显，自己“人生初见”的美好往往被“柴米油盐”的烦琐而破坏，自己对于语文的浅显感受和理解也往往在反思中不断被否定、质疑。

2008 年是忙碌的一年。开学初，学校开展课堂大奖赛十年回顾活动，在综合场我代表在大奖赛十年中成长起来的教师做汇报展示，教学《黄河颂》。紧接着，我代表黑龙江省参加中央教育科学研究所“十一五”重点科研课题“传统文化与语文教学”第二届全国年会，在吉林赛课时教学《水调歌头·明月几时有》，这是我第一次出省比赛，学校教导主任和电教老师陪同我一起去的，当时比较紧张，差一点儿将带的资料和物品都丢在会场。这一年，我还代表学校参加了香坊区第二届“卓越杯”教师专业素养大赛，教学《杨修之死》。

以上几节课，我都获得了一等奖，但这些课在反复的修整中少了些自我的风格，面面求其完美，反而事事难以如愿。方向重于速度，如果失去了明确的前行方向，速度越快离目的地就越远。于是我不断改进、不断完善，以求形成自己的风格。

可能有的人的人生之路是康庄大道，笔直平坦，但那只是很少的人，大多数人恐怕都如我一般“众里寻他千百度”，可能还“上穷碧落下黄泉，两处茫茫皆不见”，那份迷惘，那份辛苦，那份惆怅，非围城中人难以体会。

其实自己这几年中的迷惘与不知所措，真似佛家的人生三重境界：第一重境界是看山是山，看水是水——与语文结缘，也是自己的真性情和语文教学相识的美丽阶段，由于青春年少，我们的感情是初恋的真性情。第二重境界是看山不是山，看水不是水——走向成熟，对一切都不自信，在不断的寻找中迷失了真我。否定，肯定，再否定，这一次次脱胎换骨、浴火重生的过程是不可少的。其实这种不自信，究其原因，还在于自己底蕴不足，读书不够，缺少对事物的认识力和判断力，缺少对文本深刻解读的能力和课堂教学的艺术。第三重境界是看山还是山，看水还是水。严格来说，我还未到此境界。

我选择通过读书解惑。回忆自己的读书经历，启蒙于儿时的各种读物。那时家庭境况一般，但父母仍坚持每月给我订阅文学刊物，《儿童文学》《郑渊洁童话》为我打开了文学之窗。上学后，我经常在同学们面前讲故事，博得了阵阵掌声，也赢得了“故事大王”的称号。现在想起来，经常在讲台上给大家讲故事竟是在小学练就的“本领”。英国哲学家培根说：“读书足以怡情，足以博彩，足以长才。”那时我读书大多是为了“足以博彩”。从小学高年级一直到初中，接触更多的是武侠小说、通俗文学，金庸、古龙、梁羽生的小说翻看多遍，现在都可以一字不差地背诵大段的文字，可想当时读得多么痴迷。高中后接触到许多中外名著，尽管当时大多关注的只是故事情节，而且很多名著都只是为了“读过”而读，如《巴黎圣母院》前面几十页介绍欧洲建筑的部分我读了近一个月，总算“读”过去了；《红楼梦》翻了好几遍都无法一章一章地认真读，怎么也体会不出其中的奥妙，真觉得曹雪芹所写“谁解其中味”特别对,解不出；更别说像《战争与和平》《复活》这样的作品了,真的只是翻翻而已。现在想来,有些书就只是读过，在没有一定的社会阅历、人生经历以及对文字的感知能力时，读这些经典名著，大多只是为了附庸风雅，也许只是为了博人掌声。但不甘人后、习惯掌声的我竟也在这“虚荣”的阅读中养成了阅读的习惯，而这个习惯成为我的一种生活方式，一种近似于本能的生存方式，而这种生活与生存的方式又影响了我的思维，改变了我的思考，纯净了我的内心，安抚了我的浮躁，这是在当时无论如何也想不到的人生财富。大学四年,我阅读了很多文学专业书籍,但许多都只是功利性的——为了得到奖学金。

在这七年（2005—2012 年）中，我的阅读意识有了觉醒，我开始有方向、有系统、有目的、有兴趣地大量阅读。我常想，我的大量阅读是因为需要吗？是的，不仅是为师者的需要，更是作为一个人觉醒的需要、精神的需要。“古之学者为己”，这里的“为己”非私欲地为了自己的利益，而是修炼自己。当一个人物质生命的新陈代谢到了需要相应的精神支撑的时候，这种迫切就来源于生命本质的内在呼唤。就像高尔基所说的:“我扑在书上，就像饥饿的人扑在面包上。”因为他真的感到了迫切的需要。追问本源，究其因果。我读《易经》后，又读了曾仕强的《易经的奥秘》及其关于《易经》的一系列书，喜欢上了这位老者,便继续读他的《胡雪岩的启示》《论语的生活智慧》《曾仕强点评三国之道》等，几乎读了他所有的书。阅读就是这样，开始是为了需要而读，然后就变成为了兴趣而阅读，因为接受作者的思想，认同他的理论，便由需要转为随性而读。

而后在阅读中又有了新的兴趣，喜欢读《论语》，于是又读了南怀瑾的《论语别裁》、钱穆的《论语新解》、杨伯峻的《论语译注》、李泽厚的《论语今读》，当时《百家讲坛》热播的于丹老师的《于丹〈论语〉心得》也读了。读了一些书后，自己便煞有介事地写起《论语》心得来，写起《中国俗语中的文化思考》来。当时学校有教师讲坛，我还讲了一则“君子不器”。

读了《百家讲坛》上讲的这些书，觉得其易读且顺畅，于是没有了“需要”的概念，一头扎进了《百家讲坛》中的老师们的著作中，那段时间，几乎读遍了《百家讲坛》中所有老师们的著作，如易中天老师的、鲍鹏山老师的、阎崇年老师的、纪连海老师的、钱文忠老师的、王立群老师的、周汝昌老师的、刘心武老师的、康震老师的、傅佩荣老师的、毛佩琦老师的、莫砺锋老师的，上课也不知不觉有了《百家讲坛》的味道。一位外校的老师来我校学习了一段时间，临走时留给我一封信，其中说到：“听课后有些同事说孙老师讲课有些像《百家讲坛》中的老师，我也这样认为，孙老师有一天也一定会站在《百家讲坛》上，自成一家。”看到这封信，我感到很羞愧，羞愧于老师的称赞，更羞愧于自己的浅薄。《〈唐雎不辱使命〉的解读分析》就是这一时期完成的长篇文章，有30000多字。

读完《百家讲坛》老师们的作品，我又从康震老师讲苏轼、李清照、唐宋八大家开始读这些诗人的诗文。尽管大学时都学习过，但现在有了阅历、有了思考、有了兴趣再读起来就完全不一样了。之后又读诗人的传记，如黄玉峰的《说苏轼》、刘小川的《品中国文人》、余秋雨的《中国文脉》等。最喜欢易中天老师的作品，读了他的《闲话中国人》《品人录》《读城记》《大话方言》《帝国的惆怅——中国传统社会的政治与人性》《帝国的终结——中国古代政治制度批判》《先秦诸子百家争鸣》《我山之石》《书生傻气》《中国智慧》等，这种“地毯式”、系列式的读书很有意思。我可以无愧地说自己做到了为需要读书、为兴趣读书、不间断地读书，而且是近乎无章法地“系列”读书。读完了当时比较流行的《明朝那些事儿》，我又读了从春秋到清朝的“那些事儿”。

书读得多了，渐渐感觉到文学虽然可以浸润生活、丰富生活，但没有史学、哲学、美学作为底蕴，就不够深刻，不能通融，不可唯美，于是开始读范文斓的《中国通史》、易中天的《易中天中华史》、陈立群的有关《史记》人物的书；读康德、黑格尔、尼采、叔本华的书；读朱光潜的《谈美》《诗论》等。其实很多书还是读不懂，有时就浮光掠影、浅尝辄止，有时就不求甚解、不留痕迹，但是，可以清晰地感觉到自己曾经迷蒙的天空渐渐明朗，曾经迷惘的眼神渐渐笃定。此外，我还读了一些关于心灵成长的书，考了国家二级心理咨询师。

眼睛是心灵的窗户，心灵世界澄澈，目光就会笃定而明亮。2010年，在黑龙江省初中语文学科优质课评比中，我执教《茅屋为秋风所破歌》荣获一等奖。我从常人的角度解读杜甫的内心世界，以圣人的情怀来仰视杜甫的心怀苍生，最后从做人的境界中给学生以生命启迪。王崧舟老师认为一堂好的语文课，存在三种境界：人在课中、课在人中，这是第一重佳境；人如其课、课如其人，这是第二重佳境；人即是课、课即是人，这是第三重佳境。他认为第一重境界重在“在”字，“身在”“意在”“思在”，而“思在”为最重，王老师的思考可谓深刻睿智。进入此境界的教师，已完全可以从照本宣科、按部就班的教师范畴中划分出去。既然进入了“教师的境界”，那么其必然应该“身在”“意在”“思在”。这第一重境界我认为更为至关重要的是此时“在”，彼时还“在不在”。因为此时“在”，是“人在课中，课在人中”，一旦下课，则课还是课，人还是人。举个例子，如果一位教师讲“诗圣”杜甫推己及人，悲天悯人，讲时眼含热泪，激情满怀，而生活中则满心计较，专门利己。那么，这样的教师他“在不在”课中？只能说上“课”时“在”，“课”后“不在”。即使这位教师讲得再精彩，对其有所了解的人听他的课，也不会为之感动，只会将其归为表演类。第二重境界则不同，“人如其课，课如其人”，王老师说人格的洒脱一定折射为课的洒脱，人格的严谨自然融化为课的严谨。课的风格，就像你的性格、你的人格。我完全赞同王老师所言，什么风格的人上出什么风格的课，所以，什么性格的人才会做有什么特点的事，黛玉葬花、宝钗扑蝶、湘云醉卧，便是如此。我还认为，此时的课的境界也不同于“在”的境界，这时教师所选择讲的课其实就是自己可以“驾驭”的课，这里的“驾驭”不只是解读课文的深度和进行课堂的设计等，更重要的是自己的人生经历、层次、境界是否可以与所讲的课达到某种意义上的共鸣。当然，我们不能苛求和作者同呼吸、共命运，经历一样的人生，有一样的命运、一样的故事，这是完全不可能的。但自己的世界观、人生观、价值观应该在某种意义上与作者在本篇文章中所表达的思想趋同、所表现的情趣相似、所表现的性情相仿、所表现的语言相通，这样，教师在教授这节课时才会言行一致，才会人课合一，此为“如”的含义。至于到了第三重境界“人即是课，课即是人”，王老师认为，“‘课’的所有规范、所有准则，因为嵌入了自己的生命和灵魂，成为自由和率性的道场”。我完全赞同，教师一旦达到这种境界，则讲授任何文章，都会“随心所欲不逾矩”，讲李白时就有“诗仙”的潇洒、讲杜甫时就有“诗圣”的情怀，课即是人，人即是课，任何课都是教师对世界的理解、人生的追求、生命的洞彻。当然，我自认为自己远远没有达到这个最高境界，然“虽不能至，心向往之”。

可以这样说，一个教师的生命状态就是呈现出来的课的状态，从这个意义上讲，“课”不仅仅是教师的生命辙迹，还是教师的生命！2011年，已身为人父的我在香坊区中小学教学质量年成果展示现场会上讲授肖复兴的《拥你入睡》。

一、诵读课文，感受肖复兴的惊喜与忧伤

二、深入分析，品味肖复兴的惊喜与忧伤

三、真情流露，体味孙老师的惊喜与忧伤

四、情感共鸣，品读父母的惊喜与忧伤

五、师生诵读，理解天下父母心——惊喜与忧伤

这节课不仅仅在讲肖复兴和他儿子的故事，还在讲自己和女儿的生命，讲天下的父母和子女的心，课至深处，泪水涟涟。诗人郑敏说：“每个汉字都像一张充满了感情向人们诉说着生活的脸。”语文以充满感性与情感的文字为载体，表达着更为丰富而复杂的情感世界，它就应该是情意浓浓的，就应该是诗情画意的，就应该是浸润生命的。语文教学的基本目标是让学生学会运用祖国的语言和文字、听得懂他人的言外之意、说得出文雅的书面语言、读得明别人的深刻文章、写得出自己的真情实感，这是每一位语文教师的责任；但作为语文教师还要认识到，语文教学要润德启智，要埋下真善的种子，要唤醒高尚的灵魂，这是教育者的慈悲。

易中天老师说：“知识属于社会，智慧属于个人；知识可以传授，智慧只能启迪。”师者，要做启智之师。

鲍鹏山老师说：“什么是最可怕的人？就是这类只讲效率不计其他的人。什么是最可怕的文化？就是只讲效率功利不计其他的工具文化。什么样的民族没有未来？就是只讲效率、只讲利害、只讲功利、以成败论英雄的民族！因为，这样的人，这样的文化，这样的民族，都是没有心灵的。”师者，要做灵魂之师。

德国哲学家雅斯贝尔斯所言："教育意味着一棵树摇动另一棵树，一朵云推动另一朵云，一个灵魂唤醒另一个灵魂。"师者，要做心灵之师。

也无风雨也无晴

"书到用时方恨少"，感受到自己专业理念和技能贫乏是在接受代表黑龙江省参加第九届"语文报杯"全国优秀中青年教师课堂教学大赛任务的那段时间。那次大赛，全国有 18 个省（市）参加，一个省（市）选派一个选手，18 个选手，18 篇课文。在这段时间里，我阅读了关于这 18 篇课文的大量书籍，以增加自己的底气，形成教学设计的底色。如关于胡适的《我的母亲》一文，我先后阅读了胡适的《先母行述》《四十自述》，胡适口述、唐德刚译注的《胡适口述自传》，白吉庵的《胡适传》等。在有限的时间里，我阅读了 18 篇课文涉及的书籍，并写下了对大部分课文的文本理解与分析。虽然辛苦，但能明显感觉到自己的进步和变化。语文教师很重要的一个责任就是培养学生的语感，即对语言的感觉，而此时我分明地感受到自己对文章的一种"文感"，更有了自己对语文课的理解和感悟。一堂好课的高度就是书籍奠基的高度，教师的底蕴都是书籍堆积起来的，没有捷径可走。一堂好课就是一篇好文章，它有开篇有结尾、有过渡有升华，但它首先必须有明确的主题，这就是你这堂课中"金字塔上最亮的明珠"，一旦主题确定，就"群山万壑赴荆门"，万千河流归大海，删繁就简，瓜熟蒂落，水到渠成。一节课的最高境界就是无课，课的境界越高，课的痕迹越少，以至于无痕。它像一首诗、一幅画、一曲歌、一汪清泉，流畅自然，不着痕迹。

在这次大赛上，我教授了《父母的心》，获得二等奖，有所遗憾，但这一段时间全力以赴、充满期待、失败而返、重拾信心、自信前行的心路历程真的是人生不可多得的财富。在给学生的信中，我这样写道：

我的人生经历，应该对成长中的你有所启发：今年8月，我代表黑龙江省到长沙参加第九届“语文报杯”全国优秀中青年教师课堂教学大赛，全国有18个省（市）的代表参赛。虽然在这次大赛中我获得二等奖，略有遗憾，但我知道了，天外有天，人外有人，人应该以谦卑的心，来对待生活和人生，同时也让我看到了自身还存在不足。对于这一事情，我的反思与反省是深刻的，“困于心，衡于虑；征于色，发于声”，几个月以来，我不断学习、读书、实践，有意识地改变自己在课堂教学中的问题。11月29日，在济南召开全国名家名师研讨会，我应邀授课，不敢自我表扬、自我赞许，只能说课很顺畅。教学结束，掌声四起，专家褒赞，组织者更是赞不绝口。

归航途中，凝神静思，长沙之行的遗憾竟为济南之行的精彩打下了无比坚实的根基。没有自知，就没有强烈的内在自我要求，也就没有自我反思，这种强烈的自我要求完全来自于内心，按照辩证唯物主义观点来说，内因是变化的根据，而外因只是外化的条件，外因通过内因起作用。刚刚学习完《周处》，一个为乡人所患的人成为忠臣，清河的话固然起了作用，但更重要的是他内在的“侠气”，他有着强烈的“改意”：知道自己必须历经沧桑、磨难，需要丰富的学识和见识；而改变自己是需要勇气、需要魄力的，这需要有非凡的胆量与志气。刘劭在《人物志·英雄》中指出：“夫草之精秀者为英，兽之特群者为雄。故人之文武茂异，取名于此。是故聪明秀出谓之英，胆力过人谓之雄。”孙老师说：“英，是植物中的精华；雄，是动物中的翘楚。有智慧，叫英，有胆力，叫雄。有胆有识，即为英雄。”

我这封信是想告诉你们：人可以犯错，但要积极面对和改正。这封信是在叙述自己的经历，但更想用我的经历来告诉你们：人贵在知错就改。

（摘自2013年11月给学生的第22封信。2011—2015年，我坚持每月给学生写一封信进行交流。）

曾一直想不明白一个问题，既然佛家人生三重境界的第一重境界是“看山是山，看水是水”，第三重境界是“看山还是山，看水还是水”，为什么还非要“衣带渐宽终不悔，为伊消得人憔悴”，经历“看山不是山，看水不是水”的曲折过程？生活越来越深刻地告诉我：人生就是过程，经历不可省略，“濯足清流，抽足再入，已非前水”，事物在发展变化，所有的经历都是量变到质变的必然积累，没有过程的叠加，就不会有结果的必然。上面信中所提到的济南之行是我在2013年作为展示课名师参加“第五届全国名家人文教育高端论坛暨名师课堂研讨会”，授课《台阶》，当时同台展示的有余映潮老师、陶继新老师、陈日亮老师、孙绍振老师、韩军老师、程翔老师、王君老师、王开东老师等，都是当今语文界响当当的名师，而今我可以和这些名师同台展示，并获得些许好评，内心是何等的汹涌澎湃呀！感恩在生命之中指引方向的长者尊者们！

与名师们近距离接触，学习、倾听，越来越感受到“人即是课，课即是人”的境界，余映潮老师、洪镇涛老师、黄玉峰老师、陶继新老师、孙绍振老师、赵谦翔老师、王栋生老师、李吉林老师，都已年过花甲，依然葆有对教育教学的一份情怀，用他们的生命来谱写中国教育的诗篇。知识使他们年轻，梦想使他们青春永驻。用已79岁还在一线教学的李庚南老师的话来说最恰当不过：一生勤勉追求，始终有所作为。

读万卷书不如行万里路，行万里路不如与高人同行一路。幸运地与大家名师在第五届、第六届、第八届、第九届全国名家人文教育高端论坛暨名师课堂研讨会上同台展示，从《台阶》到《心中的鹰》到《伟大的悲剧》，再到《黄河颂》，得到了各位专家名师的认可、肯定和好评。

特别值得一提的是2017年第九届全国名家人文教育高端论坛暨名师课堂研讨会，当时接到通知较晚，准备时间有些仓促，我选定了曾在校教学文化节十年回顾中的展示课《黄河颂》，觉得稍稍准备一下就可以了，但试讲后我全盘推翻了原有的教学设计，决定从头再来。时间一天天过去，没有思绪、没有突破，真是夜不能寐、辗转反侧。

秋日里，我愁眉不展地在校园中漫步，听风，观叶，望天，脑中满是奔涌向前、势不可当、九曲连环的黄河，最终思考设计了“黄河的儿女　英雄的民族”一课。当学生们站在飘扬的国旗下表达对黄河、祖国、民族的自豪之情时，我和他们一起沉浸在黄河魂魄、英雄民族的伟大自豪中。当学生陆续走进会场，走到座位上，瞬间我没有了紧张胆怯，没有了兴奋激动，甚至脑子里没有了准备好的流程和语言，只有眼前的学生，只有简单的课堂。原来“也无风雨也无晴”是一个这样的世界，它美好而又平静、真实而又自然、简朴而又明晰。

几近不惑之年，对教学的理解、教育的理解、生活的理解、人生的理解渐趋一致，原来课就是生命，课就是生活，正如王君老师说的“你的课就是你的活法”。

我欣赏王崧舟老师的诗意语文，追求课堂上的诗意，在很多课的设计上我都力求带领学生诗意地走进文本，诗意地组接文本，诗意地解读文本，诗意地表达语言，让语文课看上去就是一幅精美的画，听起来就是一首优美的诗。在学习和实施诗意语文举象、造境、入情、会意、求气、寻根教学策略时，我特别关注课堂节奏的强烈落差和评价、总结的雅致与深刻，渐渐形成了自己对语文课堂的追求：以“诗意”为理念，以“精致”为准备，以“情境”为设计，以“儒雅”为风格。2017 年，成立了“孙鸿飞语文名师工作室”，我将和志同道合的教师们一起继续研究探讨。

诗意的课堂，诗意的教育，诗意的人生，这三者相互依存、相辅相成。曾写过一篇小文《孩子，你是不是也想来做老师》记叙我在校园中诗意的生活。

此时，我坐在充满现代气息和人文气息的美丽校园，体味着“桃李不言，下自成蹊”的内涵，在“立己达人”石后荡气回肠地诵读《风华赋》，在“润德亭”中看洁美的校园，在“知行廊”中漫步至白玉兰石雕，轻吟诗文。

时常，我坐在大厅中不熟练地弹着钢琴曲《致爱丽丝》，也偷偷站在展示台上吹着埙曲《枉凝眉》、陶笛曲《故乡的原风景》、口琴曲《万水千山总是情》……想象着有一天我可以在学校多功能厅演奏古琴曲《卧龙吟》，或者以后再学学萨克斯，特别喜欢那曲《回家》。

我喜欢喝茶，清晨一杯绿茶，看茶叶上下沉浮，赏茶叶慢慢舒展，听学生的琅琅书声；上午喝铁观音，不可长时间浸泡，最好用公道杯，小口啜饮，唇齿留香；下午喝红茶，大多是金骏眉，茶如眉毛，茶汤浓酽。

作为语文教师，必须写一手好字，在这一点上我很遗憾。大学毕业前，在近两个月时间里奋力描摹钢笔字帖约 30 本。

在上班后才勉强能在学生作业本上批阅。工作十几年，练字不已，却进步缓慢。渐渐地，练字不再为写一手好字，而成为静心修炼的过程。一本仿古书纸，抚开名家软笔字帖——赵孟頫的《汲黯传》——晚年楷书极品，抄写一遍又一遍，并订书成册，手执把玩，也不乏趣味。

爱读书，读得杂。虽不常去学校现代化的阅览室，却极想有一个这样大的书房，书房内有通向屋顶必须借助梯子才可以取书的书柜。燃起香炉，响起古琴《良宵引》，风朗气清，惠风和旭，静心读书，只为读书。最好外面有小河流过，有三两棵柳树，河水潺潺，绿草茵茵。

我努力、勤奋地营造自己的生活，精致、典雅地创造着自己的人生。我知道我无法富贵地享受人世一遭，但我更知道我不能因任何理由而不去追求雅致的生活。正如我在确立班级文化方向时所说：做一个高雅、博学、磊落、有为的读书人。

我优雅地做着教师，我精致地做着教师，我是在做我心中的教师，更是在心中实践着我对人生的理解，不论生活以何种方式对待我，我都要微笑着对待生活，因为人生不可辜负。

孩子们，有一位这样的老师在你的生命中陪伴你走过初中的青春时光，优雅地享受着生活，创造着人生。有一天，你们，是不是也会在心里种下一颗种子：想做一名教师！

2015届初中最后一节语文课，我和学生以诗作别：

"莫愁前路无知己，天下谁人不识君。"

"劝君更进一杯酒，西出阳关无故人。"

"多情自古伤离别，更那堪，冷落清秋节！今宵酒醒何处？杨柳岸，晓风残月。"

"一壶浊酒尽余欢，今宵别梦寒。"

……

一首首送别诗词，情深意重，风格各异，含义隽永。就这样，我诵读一首，学生吟和一首。六月的阳光照进教室，没有让我们感到燥热，我们的眼前是海边帆影，可以听到海浪的声音；我们的周围是杨柳依依，可以感受到垂柳的轻抚；我们仿佛置身于塞外荒漠，黄沙古道；我们似乎相别于夕阳西下，萧瑟秋风。

学生一首一首地读着，读柳永、读苏轼、读晏几道、读李叔同，读徐志摩的《再别康桥》，读汪国真的《走向远方》《我微笑着走向生活》……我们整整读了一节课，课堂上一片深情，只有阳光伸进教室，悄悄看着读诗的人。

沉浸在诗意中，在这初中的最后一节语文课上，以至于我们没注意到铃声已经响起。

我站在讲台上，没有多说一句话，像在以往的语文课堂上一样。

“下课了！”

学生没有和以往一样起立致敬，沉默了数秒，而后不知在谁的带领下，发出雷鸣般的掌声。

班长大声喊：“起立！”

“老师再见！”这是初中四年来最难忘的致意。

我的眼模糊了，有分别的感伤，有沉浸的感动，我难以自拔，有莫名复杂的种种情愫。

我很庆幸，我用这样的一种方式结束了学生在初中的最后一节语文课。这节课，不仅关乎学生的未来，也注入了我的职业生命。

我向往这样的诗意生命，我追求这样的诗意教育，我也努力实践着这样的诗意课堂。一节节课成为我生命路上的道道辙印，我回首教育教学 18 年，弹指一挥间，庆幸在这人生路上，偶然留了浅浅的辙印，证明我曾经走过。转过头向前看，也无风雨也无晴，坚定执着走自己的人生之路，如鸿雁踏过，在雪泥上留下生命印痕！

感谢一路上好友相伴，感谢一路上在前方指引、在身后鞭策的，我生命中最重要的人们！

诗意的教育故事

优雅的教育，高贵的教书

我无法定义优雅是什么，“命名”是一种高度理性的逻辑哲学；我只能在这里描述优雅是什么，“赋形”是诠释概念的一种感性的表达形式。可能我的生活无法使每个人认同为“优雅”，但我想以此来告之，我自己的确感觉生活在“优雅”之中。

——写在前面的话

洒满阳光的日子又一次到来，我不流连昨天，昨天的幸福今天仍在延续，昨天的遗憾今天可以弥补；我不盼望明天，因为一个个明天总将我们的生命限定于希望，使我们忘记了今天的存在；我憧憬今天，人生由一个个今天组成，要活在当下，享受今天。生活应该“慢慢走，欣赏呀！”，面对压力与困窘，我没有任何过程可以省略，但荷尔德林的话总刻在我的心底：“人生充满劳绩，但还诗意地栖居在这片大地上。”

路上所有见到的人都对我面含微笑，学生行礼问好，阳光微笑；家长颔首示意，友善敬重；同事们相互问候，笑意盈盈。

桌上又一杯清茶，每日我的孩子们早早就将茶沏好放在我的办公桌上，绿茶的清雅、红茶的浓艳、铁观音的醇厚、普洱的厚重，玻璃杯中，紫砂壶里，飘来阵阵茶香，沉淀浓浓深情。

拿起今天准备的“礼物”走进班级，将美文佳作或水果糖块送给为我沏茶的孩子，并给全班孩子读起我的每月一封信。三年了，这是第二十五封了吧，今天的话题是“诗意的生活”，打开音乐，我深情地诵读：

拥有诗意的心，会让你在烦乱中悠然前行，不仅愈走愈快，而且会领略一路美丽的风景。拥有诗意的心，你会发现每个文字都是一张带有喜怒哀乐的脸；拥有诗意的心，你会觉得读书就是一个个伟大的人物在和你促膝交谈；拥有诗意的心，一张张试卷就是一件件等待你去描画的艺术品；拥有诗意的心，你会感恩地发现生活中的万物都向你伸出了友好的手，绽放出亲切的笑脸。海德格尔说，人应该诗意地栖居于大地上。

是呀，诗意，没有诗意的生活，你会做着这件事，想着那件事；叹着这件事，恨着那件事；皱着眉看着这件事，心里打着鼓怨着那件事。生活中怎能没有一件件事，如果真的无事可做，混沌度日，难道就有意义吗？要微笑着把每件必须做的事有序、有效、合理地做完，做好，做得从容，做得完满，做得艺术。那一摞摞作业像展览品一般记载着自己人生的轨迹；那一道道习题像一个个有秩序的公民一样规范有礼；那桌椅地面像一面面镜子一样被打扫得洁净亮丽。这样度过生活不好吗？不是做不到，是没想过人还可以这样活着。静看云卷云舒，笑对花开花落。

有了这样的心境，这样的情怀，这样的世界，你的眼神自然就会柔软，你的态度自然就会恭敬，你的为人自然就会谦和，你的行为自然就会谨慎，你的语言自然就会典雅，你的颦蹙之间自然就充满魅力。谁不想拥有魅力人生，谁不想与众不同，那么就努力地诗意地对待自己的生活吧，从你的一举一动开始，从你的一言一行开始，从你的一题一文开始，从今天开始，拥有一颗诗意的心，拥有一个诗意的人生。

孩子们用充满敬爱、崇拜的眼神看着我，阳光透过窗户照进来，我和孩子们周身洒满阳光。

喝一口清新的龙井茶，想象着明天收到每个孩子关于诗意生活的回信，一种惬意从心底泛起。

今天讲的是海伦·凯勒的《再塑生命》，我和孩子们一起探讨关于生命的意义，“向往光明、充满希望、勇往直前、执着向上，这样的生命才是真的生命，这样的生命才是有价值的生命”，孩子们频频点头，双眸熠熠生光，点燃生命的课堂才是高贵的课堂。让语文进入生命、唤醒生命，使生命变得更加美好、更有力量、更有意义，这样的课堂才是高贵的，永恒的，优雅的，震撼的。

我们又就“爱”和“师生”进行了讨论，讨论结束时我对孩子们说道：“尽管你不是我的唯一，但我会努力做你的唯一，做一个让你回忆一生的语文老师，我更希望老师的这份力量来自于你！”掌声雷动，每个人眼中都泪光闪闪，每个人心底都暖意融融。

下午和同事一起打打篮球，在这洋溢着青春的活动中，汗流浃背，感受着生命的存在与心跳的力量。

喝喝茶，和孩子们聊聊天。

夕阳下，妻子和女儿在校门外等我回家……

班上的孩子发来短信：“老师，今天我准备做一条酥鲫鱼，明天给您带去做午饭。”我给妻看，妻笑了，映着夕阳，十分好看。

我不知道这种教育生活是不是优雅，但我在这种生活中的确有了一种优雅的感觉。

教育的最大慈悲是保护天性的热情

假日返乡，儿时好友五人从各地回到家乡，多年难得聚齐，非常高兴和珍惜。畅想儿时往事，不禁感慨时光流逝，几人商议录些表现朋友情义的歌曲如《我的好兄弟》《永远》《真心英雄》，留住青春同在的记忆。五人中，有两人不通音律，便将重任交于我们三人，其中一人是音乐艺校毕业，做公司搞乐队，唱得很是专业；另一人天赋很好，歌好人帅，上学时就是校园小明星；我略懂乐器，不仅平时常自娱自乐，还偶尔在一些场合表演。

吃过晚饭，我们三人信心满满地来到一个专业录音棚录音，原想录完后再小酌一番，但按照专业录音师的要求一唱，问题就来了：原来专业音乐录制可不像我们唱的KTV，对音高、音值、音准等要求非常严格，必须字字清晰，音音准确，包括换气、吐音、停顿等，录音师一字字纠正，我一句句复唱，一遍遍地被指出错误，而自己仍一遍遍因习惯而重复错误，录制前的豪情、自信、愉悦消失殆尽，忐忑不安，唯恐再出差错，录制的初衷和意义早已忘却，只余下音符、调值、音准。一首歌录完，早已满头大汗。走出录音棚，刚想舒一口气，揩一把汗，录音师严肃而认真地说："这首歌还是不标准，别留了，删了吧！"然后毫不留情地删除了。那一刻我心中真是五味杂陈，无法言表，随即是一种难以抑制的沮丧和失落，以至于回到市里，一连几周我都没有抚琴，吹埙，弹吉他。

拙笨的人只有亲身经历了才会知道事情的道理，愚钝的人只有体验到得失的冷暖才会举一反三，我就是这样。我没有丝毫责备录音师的意思，相反，我认为他的专业技能、专业精神、认真态度、严谨要求、精益求精、力臻完美是非常值得我们尊敬的，这是对音乐的执着，对艺术的热爱；再进一步说，他已经超离了功利，考虑更多的是音乐和艺术本身，这种“工匠精神”正是我们现代人所缺少的，所推崇的。

可为什么这种积极的努力给积极参与的我留下的却是沮丧和失落，为什么这种追求完美会让我失去原有的兴趣和活力？冷静下来后，我陷入了深深的思考。

特级教师王崧舟曾把教师对待职业的态度分为不同的境界：功利境界、道德境界、科学境界和生命境界。对于功利境界，我们虽无可厚非，但觉得追求止于此似乎有负生命的价值；道德境界未免高尚得让人无可追寻，如此境界背负肩上实为沉重不堪。我曾执着地认为生命境界实在太过抽象，远不如追求科学来得真实而可靠。

我认真刻苦地钻研教材、啃读书本、斟酌语言、设计课堂，力求呈现精美、大气、雅致、诗意的课堂状态，曾经为了一节课书写几千字的文本解读，曾经为了一节课进行十几次的实践打磨，曾经为了一节课阅读十几本相关书籍，我想自己给予学生的是最真实的、最完备的、最精美的课堂设计，学生没有理由不喜欢我的课堂，没有可能不去钻研我提出的问题，没有借口不喜爱我的语文——我和录音师一样挚爱着我们的艺术，在艺术的世界里执着地求真，在艺术的世界里追求苛刻的完美，录音师不允许有一个音符延迟，不允许有一个音值差调，不允许有一个音准误差；我的课堂似乎也在追求同样的精准，每一个学生回答的可能，每一个预设的环节都在顺理成章地、水到渠成地发生着。然而，我们在追求着自己挚爱的事业的同时，似乎都无意识地忽略了一个要素——录制室中的我和课堂中的学生。

每个人的天赋、性情、特长、爱好都不相同，正如世界上没有相同的两片树叶一样，万能的造物主神奇地将每个人区分开来，让每个人都成为与众不同的唯一。而我们用同一标准对事物进行划分的同时，就自以为聪明地将与他人的与众不同变成了此长彼短，导致每个人都在这样的标准中困惑、挣扎、矛盾、否定。哲学界有一句名言：人类一思考，上帝就发笑，说的也是这个意思吧。教育家孔子早就提出要“因材施教”，教育界也早就有“多一把尺子，就多一个好学生”的说法，但面对最终考查的唯一标准，教育者早已习惯了一声叹息，扔掉手中不同的尺子。课堂中的我无论思想多深刻、语言多精粹、表达多流畅、教学多精致，都是我的一把尺。“己所欲，施于人”是不是也是某种程度上的一厢情愿？学生的动因、兴趣、天赋、情志乃至他们的生命，在我的课堂上真的如我的愿望一般幸福成长了吗？一定有一些学生在我们的努力雕刻下成为某一领域熠熠生辉的显赫人物，但也一定有一些学生在我们追求的越来越近乎完美的课堂中失去了天性和兴趣。

这样的思考并不是否认精致的课堂教学，它让我深刻地认识到，课堂中还有一些学生，他们需要我们去理解他们的内心，关注他们的进步，发现他们的美好，保护他们的热情。

热情是种奢侈品，保护学生对某一事物的热情远远比传授他某种知识更有价值，教师要传授学生知识，要培养学生终身学习的能力，提高学生终身学习的水平。但是，是不是每个人都想终身学习？有多少人在学习中体会到的是枯燥、乏味、无趣，更有甚者，是学习带来的伤害。教育界一直在探讨：人的天性中对于未知的热爱和渴求是什么时候失去的。这个问题我不能准确、科学地回答。我喜爱音乐，高中自学吉他、口琴，后来自学葫芦丝、巴乌，年近40了，又拜师学习古琴、埙、萧，每天有空闲时间就弹一曲，吹一曲，夜晚回家还要抚古琴。我也许不能成为一个音乐家，但音乐已成为一种生活方式注入我的生命之中，这种热情也成为一种生命方式贯注我的一生。我已年近不惑，有自我调控、自我肯定、自我判断的能力，但即使这样，在走出录音棚后，我仍然有着强烈的失落感和挫败感，以至于对自己产生无端的怀疑，有一段时间不弹曲不唱歌。

想想我们的学生，他们对待学习是否有我对待音乐一样纯粹的热情，对待苛刻的挑剔是否有我一样的抗压能力，对待冰冷的结果是否有我一样反思、调整的勇气。他们还是孩子，是成长中的幼苗。孔子讲“仁”，“仁”就是把人当人，把别人当自己，把自己当别人，我以一个成年人的经历来体会未成年人的感受，也许可以得出一些其天性中学习热情失去的原因，一定不全面，但教育者的意义不止是教授知识，更是要保护学生天性中的热情。陶行知先生曾语重心长地说：“你的教鞭下有瓦特，你的冷眼里有牛顿，你的讥笑中有爱迪生。”我们的教育不会使每个人都成为牛顿、瓦特、爱迪生，但我们教育的是活生生的人，是生命，这就是对教师生命境界最重要的诠释吧！

佛语有云：断人慧根，如同杀生。教育的最大慈悲在于让每个受教育者永远葆有学习的兴趣和热情，这是一个大问题，这是一个关乎生命的大问题。

真——教育的最大魅力

我不停地打开视频看学生们在校运动会上给我加油的场面：班级一名男生声嘶力竭地、挥舞着手臂带领大家为我加油。男生的声音已经完全嘶哑，小脸也因用力而涨红，手臂因激动而有力地挥动着，班级其他学生在他的指挥下全力喊着："孙老师，加油！孙老师，加油！"

这只是一场普通的教职工接力赛，我是第六棒，接力的位置离学生的看台不太近，全神贯注比赛时听不到学生的呐喊声，可学生的呐喊声却一直伴着我奔跑的步伐，伴着我将接力棒传给下一位老师。

感谢为我记录下这感人瞬间的老师，让我可以看到这一幕。科技的一大效能就是将生命记录，记录就是延长，记录就可回味，记录就可思考。这段视频让我时时感动，感动的不只是学生倾注全力、用心用情地为我呐喊欢呼，感动的不只是作为师者内心中充盈的幸福，感动的不只是自己的教育得到学生倾尽全力的回馈——真的不只是自己内心的小满足，再看看赛场上其他班级的学生也同样声嘶力竭地、用尽全力地为他们的老师加油、喝彩、呐喊、助威，这是所有师者的荣耀，这是教育的荣耀，这是教育最大的魅力。

我们不是专业运动员，我们不懂在赛场中的种种技巧，我们在运动场上只是一种参与与娱乐，但我们懂教育，我们懂生命，让我们用客观欣赏者的角度来看一看这些正在为我们呐喊的学生。

先让我们看看作家铁凝是怎样以一个"门外汉"的身份来看足球的，她看到："巴乔果然不负众望，旗开得胜。此时这位新星面对意大利父老，脸上却没有一般情形下的狂喜，而是一派狰狞。难道他不快活么？难道他不惊喜么？我忽然觉得，那一脸的狰狞正是快乐的极致，正是狂喜的顶点，正是瞬间的真面目。因为太真了，表情则无法预料了，也美得动人了。”她看到：“当南斯拉夫败给阿根廷后，斯托伊科维奇趴在草地上用绿草擦洗着满面的泪水、苏西奇用球衣捂住脑袋嚎啕时，你会觉得这失败实在也充满一种悲壮的魅力，因为此时此刻他们把一个真的自己交给了足球，交给了观众，交给了世界。”

铁凝为什么会在这一瞬间就毋庸置疑地被“素不相识”的足球运动给征服了？如同我在瞬间就被学生的呐喊加油所感动，这种类比的不同只在于铁凝确确实实只是一个客体欣赏者，而我则是一个主体参与者，在进行理性思考的同时必然要带有主观的色彩。学生们为什么会如此兴奋激动，不惜喊破喉咙，用尽全力地为我们去加油喝彩？毋庸置疑地是因为我们的师生情感，但正因为如此，我们才真的感受到教育的美，教育的最大魅力和幸福就是能让我们感受到这种感情的真实。

“真”的事物是最美好的。

为什么“真”的事物就美，为什么人类需要“真”，什么是“真”？

真实、真情、真正、真心、真人、真切、天真，所有含“真”的词语都充满正气、充满美好、充满温暖。真，繁体写作“眞”，从七，从目，从乚（yǐn)，从八。《说文解字》:“真，仙人变形而登天也。”匕，变化。目，眼睛。乚，隐藏。八，仙人升天时乘载的风云之类的工具。本义：道家称存养本性或修真得道的人为真人。“真”本从“贞”演化而来，贞，从卜从贝，意为占卜以求真相，所以“真”亦有真相之义，是最简单的一种求真过程。《玉篇》:“真，不虚假也。”何谓真？《庄子·渔父》记载了孔子问真的故事：“孔子愀然曰：‘请问何谓真？’客曰：‘真者精诚之至也。不精不诚不能动人，故强哭者虽悲不哀，强怒者虽严不威，强亲者虽笑不和。真悲无声而哀，真怒未发而威，真亲未笑而和。真在内者，神动于外，是所以贵真也。’”

由此，我们就能理解铁凝见到巴乔的表情“一派狰狞”时，说是“快乐的极致”“狂喜的顶点”“瞬间的真面目”了。因为太真了，所以美得动人了。我们也就能理解学生在为我们加油助威时的表现真是发自于内心，流露于神情。这种道理也许说来容易，也许身在其中及置身于外的人都并不在意，但在现实生活中这种“真”是何其难哉？

铁凝还指出：“然而你见过的，却常是经刻意修饰而漾出的微笑，经悉心策划而溢出的热泪，经长久揣摩而演出的同情，就连对不义之举的愤慨，也显得心不在焉。人类是越发的周到了，周到得只顾去调整你的本相。”现实社会中人与人之间的“真”太难能可贵了，因为微笑、泪水、同情、愤慨等最本真的状态常镶嵌了虚假的外衣。微笑是修饰的，热泪是策划的，同情是揣摩的，就连愤怒都是不带火气的，难以想象，“当你的尊严被践踏，当你的信仰被玷污，当你的家园被侵占，当你的亲人被残害，你难道不滋生出火焰一样的愤怒吗？当你面对丑恶面对污秽，面对人类品质中最阴暗的角落，面对黑夜里横行的鬼魅，你难道能压抑住喷薄而出的愤怒吗？！”（毕淑敏《珍惜愤怒》）。

我们都梦想着生活在充满“真”的世界里：清晨，闻着弥漫在空气中的花香，看着含着露水的花瓣，因感动生命的美好而热泪盈眶；人来人往，面对走来的一个个鲜活的生命，或咿呀学语的婴孩，或白发苍苍的老人，哪怕是素不相识的陌生人，我们都发自内心地投以祝福的微笑；看到身旁的弱者，即使自己力不能及，也从心底报以深深的同情，这是诗意的世界，这是理想的时代，这是人类向往的桃花源。

理想也许是可望而不可即的，所以这种“所谓伊人，在水一方”

的美才更让我们心驰神往，但作为教育工作者，我们每天所接触的、交流的、思考的，是这些为我们喊破喉咙也在所不惜的“真”的人。苏轼说过，“上可陪玉皇大帝，下可陪卑田院乞儿”，“眼前见天下无一个不是好人”。这天真烂漫、胸襟坦荡的大才子其实就是想做一个“真”的人，希望天下是一个“真”的天下，但这也只是美好的理想。赤子之心就是孩子之心。身在世俗，饱经沧桑，却可葆有天真烂漫之心，何其难也？在复杂的社会中，以生命之“真”遇到“真”，彼此珍惜，全力成全，何其难也？

做了教师好多年，对很多事的想法和做法都简单、纯粹，与人相处也直率而坦诚，经常会有人说“做老师都做‘傻’了，与社会上的很多做法都格格不人”。为什么？因为我们每个人在生活中都无法坚守我们的“真”了，但我们内心深处又渴望这样“真”的社会，这就是社会的矛盾、人性的矛盾。

庆幸我做了教师，每天生活在“真”的情感中，“真”的世界里，至少趋向于“真”，至少接近于“真”。我们每天和“真”学生在一起，我们的世界也变得单纯而透明，因为单纯而愈加丰富，因为我们能更敏感地感受美好；因为透明而愈加幸福，因为我们能更近距离地接受美好。所以，我也渐渐地理解了身边年近不惑、已知天命的人对我说的：“教师这个职业真得很好，每天和学生们在一起，没有那么多复杂和疲惫。”是的，这是实实在在的心里话。

打开视频，再一次看看我的学生们的全力呐喊，我感动于他们“真”的情感，更感动于我们一起生活在“真”的世界中。这种情感和世界中的“真”是教育人最大的幸福，也是教育最大的魅力。

这节课为“他”而设计

我并不十分擅长做饭，但女儿总是赞不绝口，逢人便说“爸爸做的饭最好吃”，就连和妈妈一起出去游玩，都想念爸爸做的饭菜。我在自诩之余也暗自骄傲，得意之后又不禁独自思考，如同齐国邹忌，其妻、妾、客说他比城北徐公美，当他见到徐公后“自以为不如”，于是“暮寝而思之”一样，在品尝众多美食后自己并不认为自己做的饭菜有那么美味可口、无人能敌。女儿为何如此执着、热情地认为我做的饭菜是最美味可口的，是无人能敌的，客观上当然有女儿年少未曾有更多的人生经历和味蕾冲击，有对爸爸情感依赖的因素，但更多的是我主观上做每顿饭菜都饱含着浓浓的爱意——

知道女儿不喜欢吃干一些的米饭，每次煮饭加水时都会稍微多一点儿，而“这一点儿”是无法用刻度来计算的，是我根据经验估量的。但就因“这一点儿”，妻子总是赞叹不已，还嗔怪我为何不能准确地告诉她该放多少“一点儿”。知道女儿蔬菜吃得少，每天的菜谱便以蔬菜为主，菜花、油菜、白菜、油麦菜，今天白灼，明天蒜烧，后天醋溜，大后天水煮，每天都将一桌菜起一个诗意的名字，今天的叫“南征北战”，明天的叫“春色盎然”，后天的叫“四季风光”，大后天的叫“绿野仙踪”，每次都有不同的名字和不同的口味。知道女儿不吃鱼，就想办法将鱼做成鱼丸，熬成汤。知道女儿爱吃炒饭，就用七种配料，做成七种颜色的“彩虹孙氏炒饭”，并用模具做成心型、星星型——女儿吃我做的饭菜总是迫不及待，总是赞不绝口，经常守着一盘菜狼吞虎咽，女儿越吃嘴越刁，别人做的饭菜渐渐都不喜欢吃了，“曾经沧海难为水，除却巫山不是云”。

电影《决战食神》里，最后高天赐（谢霆锋饰）以一碗儿时记忆的面条战胜了既是父亲又是对手的“食神”（黄秋生饰），父亲吃出了面条中亲情的味道，曾经的岁月，血脉的相通，一碗面成为一个传奇；还有一部早期周星驰演的《食神》，最后在食神大赛上以“黯然销魂饭”击败对手，评委们吃出了这碗叉烧饭中的悲伤、辛酸和苦痛。

两位“食神”都以普通的食材、做法而取胜，其重要的原因就是在这普通的饭菜里蕴含着化不开的浓烈的情感，任何鉴赏家和评论家都无法抗拒这浓烈的情感。两部电影都很精彩，用这样一种方式告诉观众真情的可贵，“情”之一字，可以改变世界！在一部作品中我们不只要用心动情，全力以赴，更要思考我们的欣赏者、品尝者、接受者。在生活中，并不是我们全心全意、苦心孤诣、用情用义就可以打动和征服所有人，因为你的情感世界、人生思考、生活经历不是任何人都可以感同身受的，我们怎能苛求对方理解自己的心境、想法、态度、感受呢？而反过来，我们只有对对方深入地了解、用心地揣摩、仔细地分析、用心地对待，才有可能感动对方，在兵法中叫“知己知彼，百战不殆”，自己“困于心，衡于虑”地用心思考，“征于色，发于声”地用情表达，才会让人理解，使人明白，令人感动。

教育教学工作，是相同的道理。在这里我们把目光投注到认认真真备课、勤勤恳恳教学、扎扎实实工作的教师们身上，他们研读教材、认真授课、反复批改、严谨教学，他们个别交流、指导方法、追踪辅导、反思案例，他们努力地在教育工作上耕耘，挥汗如雨，任劳任怨。有的教师被评为“劳动模范”，有的教师被誉为“道德标兵”，还有的教师被荐为“学科骨干”，对于这些可敬可佩的教师们，我们致以最崇高的敬意，在教师的境界中他们早已摒弃了功利，而达到了道德境界、科学境界，道德境界求善，科学境界求真，这些教师无疑是真善美的化身。

但，我仅仅想轻轻地说一声：但——

当我们批改完每一本作业，对每一个学生进行指导交流后，心里对自己说“我对得起学生，我尽力了”的时候，我想轻轻地问一句：“你尽力做的是学生们希望得到、热切感动、刻苦铭记的吗？”

当我们认真钻研了教材、努力研究了教法、精心设计了教案，合上书本后默默地对自己说“我给学生最好的，他们没有理由不用心去学”的时候，我想轻轻地问一句：“你认为最好的东西给了他们，他们就一定要接受吗？接受时是否是享受呢？”

任何事情一深入就具体，一次追问会使问题更加复杂而又深刻下去，那么“请循其本”，回到我给女儿做饭上来，用这个问题做一下类比：我买来蔬菜每天正常烧炒做给女儿吃，以此来为其补充相应的营养，而不去用心更换各种做法，不去费心起诗意的名字，这算不算尽力了呢？我给女儿炒“彩虹孙氏炒饭”，营养全面而不摆出心型、星星型，这算不算尽力了呢？我给女儿买来新鲜的鱼肉，不考虑女儿吃不吃，这算不算给了她最好的？而她一定会吃吗？我给女儿用最好的米煮饭，不去考虑女儿喜欢吃干的还是稀的，这算不算给了她最好的？而她一定会吃得多一些吗？

我们都认为自己倾其所有给了对方，就做到问心无愧了，可你是否想过对方能不能接受，会不会接受，爱不爱接受；我们都认为自己竭尽全力把最好的东西给了对方，然“子非鱼，安知鱼之乐”？而且，他成为你心中的他，他还是他吗？

诚然，学生有责任和义务认真学习，但任何能走进生命深处的事物，都不仅仅是因为责任和义务，而是源于强烈的渴望、浓烈的情感和生命的共鸣。

教育教学以学生为主体，以教师为主导，教师应以激发和指导学生自我获取知识为主旨，让学生参与知识发生发展的全过程，让学生在研讨体验中获得学习的乐趣，从而提升学习能力，培养核心素养。教师不仅要钻研教材，更要研究教法，考虑学情，设计有趣、有效的教育教学活动，这便使教育教学融入了一种情感、一种关注生命教育的情怀。

可问题又来了，我们用自己精湛的技术、浓烈的情感、丰富的内涵来设计一节符合学生认知能力、情感能力和理解能力的课，努力做到激情引趣、巧妙切入、精心构思，以最大公约数地实现一节课的精彩，认为这无疑是一节近乎完美的课。但我们也知道，完美是不存在的，越是完美的则越是有缺憾的。我们只能理想地按照最大公约数的标准来设计一节课，而实际效果则大打折扣，在这节课中饱含的情感也在“通分”中被分解了，除知识外，其他情感的生命几乎消失殆尽，课堂上的浓烈情感也因没有明确的去处而在空气中慢慢弥散消解。

这几近成功和完美的课堂在我们理性地剖析下已变得不够成功，不太完美，这也是由于教育教学不是面向唯一，而是面向大众、面向全体的。如果如同莎利文老师之于海伦·凯勒，只教一个学生，情感的集中性、设计的目标性与课程的合理性就可以更加科学而人文了。这就像我只需研究女儿的喜好、性情、需求，来制作专属她的饭菜就好。而这是当前教育教学中难以解决的问题，两害相权取其轻，两利相权取其重，所以我们的目标提出要面向全体学生，研究学情，形成符合理想最大公约数的教学设计，进行近乎完美的课堂教学。

作为教师，我也在努力地探索着，认真地实践着，设计了一些符合这种教育教学规律的课。符合教育教学规律的课是科学艺术的课，是符合所有这个年龄段学生认知水平的课，这样的课堂是不是几近科学、近乎完美呢？

我们常规的教育教学是长期的、系统的，我们面对的学生是稳定的、成长的，我们的课堂在他们长期、稳定的学习中渐渐缺少了魅力。公开课、观摩课或借班上课时，学生多热情盎然、热烈激动，而回班上课时，自己班的学生常无动于衷、习以为常。暂不考虑教师的心态，仅从学生层面来看，他们的生命状态就无法时时被开启，长此以往，会使学生失去求知的热情和生命的成长。

我有一种设想，在教育教学工作中，在与学生相互了解的基础上，我们能不能在近乎完美的最大公约数的设计的基础上，专门为他设计一节课。这个他，就是其中的一个人。例如，专为不理解父母之心的“他”精心设计胡适的《我的母亲》、李森祥的《台阶》、肖复兴的《拥你入睡》；专为对老师有些小意见、小情绪的“他”精心设计鲁迅的《藤野先生》、海伦·凯勒的《再塑生命》；专为青春迷茫的“他”精心设计苏霍姆林斯基的《给女儿的信》；专为不够灵活创新的“他”设计罗迦·费因格的《事物的正确答案不止一个》；专为长年不和父母生活的“他”设计曹文轩的《孤独之旅》……当然，我所提出的这些是在保持正常教学设计的基础上，更加精心、更具匠心、更有艺术和美感地融入一个独特的元素，那就是一个明确的、具体的、生动的生命，而这一节课就为“他”而设计。

我们无法明确说出这节课在“他”的学习和生命中所起的作用，可能这节课会使他记忆深刻，可能这节课会使他萌发对文学的热爱，可能这节课会成为他的一篇高分作文，可能这节课会成为他今生难忘的一课，可能这节课会让他的生命更加成熟，也可能这节课只是种下一颗各种可能的种子——无论怎样，这节课将变得有生命、有意义、有价值，它已不再是简简单单的一篇课文、一节公开课，它成为一个细胞、一个基因、一种精神驻存在一个未成熟的生命体内，去完成一个生命的成长，它将变成永不消逝的记忆，从此和“他”的生命息息相关。

这不是近乎科学和完美的课堂，却是真正的生命之课，如果我们能在长期、系统的学习中为每个学生上一节这样的课，那真是教师和学生共同的生命财富。

我愿为“他”上这样一节课！

女孩的梦想教育

朋友向我说起他的妻子欲举家南迁，想象着明天南国暖人的风、怡人的雨、醉人的花、馋人的水果，想象着未来的美好，朋友却愁苦当下的工作、住房、朋友和孩子……不去分辨二人孰对孰错，但我们分明可以看到男人和女人对事情思考方向的不同，男人会指责女人简直是“异想”，而女人也会反驳男人，没有“异想”，哪来的“天开”！是啊，“女人天生爱做梦”，如果否定了“梦”，人生还有方向、价值和意义吗？

印度电影《神秘巨星》中，妈妈为保护女儿梦想，毅然反抗强权爸爸的那段话让人记忆犹新：没有梦想的话，一切都没有意义，是睡是醒，没有意义；是生是死，也没有意义，做梦是人的基本权利，每个人都应该有这个权利。是啊，每个人都有这个权利，而女人更享受于这个权利。“每一个女孩都曾住在星河之畔，她们织虹纺霓，藏云捉月，她们几曾烦心挂虑？她们是天神最偏怜的小女儿，她们终日临水自照，惊讶于自己美丽的羽衣和美丽的肌肤，她们久久凝注着自己的青春，被那份光华弄得痴然如醉。”（张晓风《母亲的羽衣》）

这里我们不去讨论“梦想”的积极与消极、内涵与外延，甚至不去探讨它能否实现。因为“梦”本来就是“想”的，“心中之相”谓之“想”，女孩心中的世界就是那么如露如电、如梦如幻、如风如月、如痴如醉，不好吗？唯其如此，才让人喜欢，惹人怜爱。如果一个女孩总徘徊于“柴米油盐酱醋茶”中，那只能告诉她，她已经悲惨地长大了，失去那至真至纯至善至美的女孩心了。

既然“做梦”是女孩的天性，那么作为教师最大的慈悲莫过于尊重女孩做梦的权利，最重要的教育莫过于激发女孩逐梦的勇气与能力，最好的教育方法莫过于对女孩进行梦想教育。

所谓“梦想教育”首先是承认每一个生命个体都有对真善美执着的追求，“非独贤者有是心也，人皆有之”。既如此，作为教师的我们至少要做到不否定这种美好的愿望，“不否定”，看似简单，可往往是最难以做得完美的。要知道，“梦想”就像一个个七彩的泡泡，阳光下绚烂美丽，折射万千风景，如同童话王国，但它易破易碎，轻轻一阵风吹来，那美丽便消失殆尽。我们要小心翼翼，要和她们一起看泡泡上美丽的世界，又要屏住呼吸，别一不小心吹跑了她们的梦想。教育家陶行知提醒教育者们：“你的教鞭下有瓦特，你的冷眼里有牛顿，你的讥笑中有爱迪生。”在我们的犀利语言里、冷眼轻视中、批评指责下，那一个个美丽的泡泡童话世界就会变成现实的肥皂泡沫飘洒在空中，没有了温情梦想，只有冰冷的残酷现实。那细若游丝、薄如蝉翼的梦想，最美好、最纯净、最敏感，也最脆弱，一遇“惊吓”，就可能缩进生命的严冬，也许等到春天才会试探着露出羞怯的小脑袋，也有可能今生不醒。

做到“不否定”已是慈悲，能够唤醒则是教育更神奇的力量。曾教过一个美丽和气质兼备的女孩，既有天真活泼的性情，又有温柔可爱的态度，充满活力，向往美好。一次和她闲聊，问她向往什么样的生活状态，她略带迷茫地问我：“老师，您认为我适合什么样的生活状态呢？”我勾画着美好的画面认真地说：“未来的你应该穿着高雅别致的职业服装，坐在宽敞明亮的办公室中，喝着咖啡，望着窗外的碧海蓝天，听着优雅的音乐，轻轻一按，国际间的贸易往来尽在指尖……”

她的眼中渐露光芒，眼神笃定，自信而又期待。多年过去了，现在的她从事金融方面的工作，经常在朋友圈看到她往来于世界各地的信息，照片中没有自拍，尽是诗意而美好的世界。并不是那一次交谈就能给她种下梦想的种子，从而开出美好而绚烂的鲜花。生活不是童话，生活更不是推理公式，有此条件从而推出某种结果。生命轨迹中的无数偶然都可以改变生命列车的航向，如《项链》中的玛蒂尔德为了光彩一夜而付出一生的辛劳。如果在学生成长的每个阶段，我们都可以做他梦想的尊重者、保护者、唤醒者，甚至重建者，那么他将阳光向上、自尊自爱、美丽大方。

其实更多时候，就连自己也无法了解自己的梦想，毕竟人关注外界容易，关照内心却很难，我们不断求知的过程也是不断关照自我内在的过程。作为教师，我们责无旁贷地要让女孩关注自己心中的梦想，要让女孩相信只要拥有了美好的梦想，执着地去追求，努力地去奔跑，生命就会如星星一样闪闪发光，如鲜花一样芬芳动人。

推而言之，父母是孩子的第一任老师，更要懂得孩子的梦想是不能否定、嘲讽、质疑和批评的，哪怕这个梦想是那么的不可思议、异想天开，甚至幼稚可笑。我们要知道，放在时间的长河里，曾经的“不可能”才创造了今日神奇的世界。没有做不到，唯有想不到。“这样的成绩，还想当科学家，别做梦了！”“你这样的长相，还想当明星，别做梦了！”“连数都算不明白，还想当金融家，别做梦了！”……够了够了，不能再多举例了，此时此刻，我们分明听到了那有如水晶一样透明脆弱的梦想破碎的声音。其实有时候，是最亲的人亲手“毁灭”了孩子的梦想，还要给这种伤害披上一个美丽的名字——爱。

女孩，她更美好、更柔弱、更敏感，更需要梦想作为人生导航，更需要教师和父母的呵护、尊重、激励，也许从某种意义上讲，这也是女孩需要“富养”的原因吧！是呀，梦想多么珍贵，用梦想进行教育又是多么奢侈的财富呀，也许只是“梦”，只是用来“想”，但有“梦”的日子就晴空万里、碧水蓝天、莺歌曼舞，鸟语花香，有“梦”的人生就美好幸福、充满希望、积极进取、奋发向上。

其实，每个人，尤其是教师，都应该有一颗女孩的梦想之心，只有有梦想的教育人才能培养有梦想的学生，创造出梦想的世界！

“今天我 18 岁”——对“社会年龄”的思考

一个人有两种年龄：一种是生理年龄，也是自然年龄，即从出生到此时所计算的年龄；另一种是职业年龄，也叫社会年龄，即从走入社会以来所计算的年龄。我们总是在意着自己的自然年龄，经常以“时光飞逝，岁月无情”来感叹唏嘘一番，经常以“老了”来感慨惆怅一番，经常以“当年——”来描述回顾一番，却往往忽略了我们的另一种年龄，它更青春、更可贵，也更短暂，更值得我们去珍惜，这就是我们的社会年龄。

如果我们以今天研究生毕业的年龄算起，6 岁入学，5 年小学（11 岁），4 年初中（15 岁），3 年高中（18 岁），4 年大学（22 岁），3 年研究生（25 岁），25 岁上班，你此时的社会年龄才 1 岁。所以，你初入职场时总是懵懵懂懂的，此时若有人拉着你的手，一步步地带你前行，迎着朝阳，感受新生的幸福，是一件多么美好的事情啊！但人生的路总需要你自己走，你生理年龄的成熟有时会让你拒绝别人的平庸小路，认为自己会闯出一条康庄大道，在不断地跌倒爬起、爬起又跌倒后你认识到：路要一步一步地走，成长路上无捷径。相较于生理年龄，社会年龄短得可怜，按照女性 55 岁退休，男性 60 岁退休，那么女性的社会寿命只有 30 岁，男性的社会寿命只有 35 岁。多么短暂的生命，多么可怕的计算，如果我们再细致一点儿算，按照初中 4 年一个周期来计算，女教师的社会生命只有约 8 个周期，男教师的社会生命只有约 9 个周期。社会寿命的终结代表社会要求你的社会使命和义务在某种意义上已经终结，至于你以另一种形式延续你的社会生命，那又是另一回事了。真的是“转瞬即逝”，实在是“弹指一挥”，在犹豫、徘徊、矛盾、质疑、纠结、观望，甚至拒绝、逃避中，我们的社会生命就消失了，无怪乎古代君王都在寻仙问道、炼丹求医，以延续他们的自然生命（当然也就延续了社会生命），无怪乎《康熙王朝》的主题曲中要高唱“我真得还想再活五百年”！

我很幸运，21 岁就开始了我的社会生命，2000 年进入风华机械厂子弟中学，今年我的社会年龄为 18 岁，如果 60 岁退休，我的社会寿命还有 21 年。

我很庆幸自己在这 18 岁这个年龄里笃定了信念——在教师职业中做出不凡的业绩。人生要有为，不然枉此生。任何事情不止是因为热爱才去做，而是做着做着你会发现自己越来越热爱。回首人生职业路，走过职业迷茫的混沌，走过职业否定的叛逆，走过职业懈怠的困惑，也走过职业道德的坚守，而今，回首来路，我感受到人生之路的合理性——没有一番艰难困苦，怎有今日的柳暗花明，再次印证了那句名言“人生就是经历，过程不可省略”。我突然想起了特级教师李庾南的话：“身份可以普通，境界不能低下，一生勤勉奋斗，始终有所追求。”如果李老师当教师的第一天开始就已经有如此笃定的信念，那么她的一生就是幸福的。我没有这样的经历，也无法体会到如此的情感，但我深深地知道，我所有的经历都是值得的，那所有的混沌、叛逆、困惑都奠基了我今日的执着与坚守。我有些愚笨，很多事都要自己经历后才能判定其是否正确与合理，虽然走了弯路，但脚下的印辙是清晰而坚定的，从这一点上说，我感谢自己的愚笨。

18 岁的年龄风华正茂，人生最幸福的事是在有能力的年纪做自己喜欢做的事，我由此感受到了幸福。我认为教师一定是幸福的人，否则如何培养出幸福的学生；我认为教师一定是诗意的人，否则如何培养出诗意的学生；我认为教师一定是有理想的人，否则如何在学生心中种下梦的种子；我认为教师一定是有作为的人，否则如何在学生心中树立荣誉的丰碑。

18岁的年龄充满梦想，在我脑中有一个教育的乐园、教育的乌托邦，它无关乎成绩，只关乎梦想；无关乎得失，只关乎生命；无关乎功利，只关乎价值。我知道教育的完善还有很长的路要走，但我执着地认为我们可以做得更多，也许会碰壁，也许会流泪，但碰得多了，虽然我们会流血，但社会也会让步，我们再流血，社会会再让步，一切就会更好了。我想做我理想的教育，拥有理想的生命。

今天我18岁了，我脚步坚定，没有停滞，没有抱怨。时不我待，青春是用来拼搏的，不是用来叹息的；青春是用来奋斗的，不是用来挥霍的。况且，在社会生命里，我已走过一半多的时间了，珍惜光阴，比金可贵！

以2004年第20个教师节时我写的一篇小文作结，纪念我们逝去的社会生命，让我们不忘初心。

在九月的天空放歌

开始体味到这种快乐，九月金风的季节有了属于自己的节日，那秋风吹黄了的是丰收的颜色，那秋雨在夜里都不再是凄清的味道，而是一种清凉的抚摸。感受着，欣喜着，回味着……

春夏秋冬的变换，无数个日夜不眠的思索，那作为师者的执着真的是一种无可限量的快乐。还记得清晨那稚声的问候，还记得课堂上那整齐的小手，还记得那促膝长谈的欢愉，还记得节日中真诚的祝福……一场场，一幕幕，师者何时是真心在欢笑？就在那时，就在学生如雄鹰一般丰满羽翼冲向高空之时，就在学生似鲜花一样姹紫嫣红争芳斗艳之时，就在看到自己的生命在学生身上又有了无形而又永恒的延伸之时……就在这个时刻。

用心体味了，就知道这就是教师！渡工、春蚕、蜡烛这些词汇不足以诠释他的全部，真正的教师是一种精神的化身，是一种力量的载体，更是一种情的世界、爱的穹宇！

高声放歌是一种价值的肯定，回首沉思是对自我的鞭策，面对学生如花的笑颜，我小心翼翼地浇上成长的琼浆，真的希望，多年以后，花香满园，而我已成苍颜老者，依然在九月的天空放歌……

诗意的教学实践

反复诵读，推敲探究人物形象①

——《台阶》教学实录及评析

师：同学们，我们是不是已经认认真真地读过课文了？

（学生点头。）

师：文章一共有多少个自然段？

生：（齐）32个。

师：好的。先检查一下同学们的预习情况，请一位同学清晰洪亮地领读一下词语。

课件出示：

自言自语　老实厚道　漫长　若有所失　很倔的头颅　膝盖　半晌　庄稼茬

（一学生领读，其他学生跟读。）

师：好的，谢谢。读得很准确，如果能再清晰洪亮点儿就更好了。准确、清晰、洪亮，这是我们语文课表达交流的基本要求，让我们一起再来清晰洪亮地读一下这些词语。

（学生齐读。）

师：好的，谢谢同学们。我们再提高一点儿检查预习的要求。这篇文章很长，文字很多，谁能试着讲一讲这篇文章讲述的故事。注意，请仔细认真地听清要求，希望可以用上屏幕上的词语，可以不全用，谁来试一试？

（学生思索片刻。）

① 这一课是2013年第五届全国名家人文教育高端论坛暨名师课堂研讨会展示课。

生：原来“我”家有三级的台阶，后来父亲经过努力建了九级的台阶，但是父亲觉得他失去了很多东西，一副若有所失的样子。

师：概括得很凝练，请坐。在课堂上，我们说的时候要清晰洪亮，听的时候要仔细认真，这是我们课堂上的要求。明确了吗？

（学生点头。）

师：准备好了吗？下面我们开始上课。

［思考］课前交流“一石三鸟”：读清字音、整体感知内容、明确课堂要求，达到了短时间内和学生了解沟通的目的。

一、导入

师：同学们，今天我们一起来学习小说《台阶》。小说是以塑造人物形象为核心的文学作品，我们将共同品读本文塑造的人物形象——

生：（齐）父亲。

师：在你的心目中，父亲是一个怎样的形象？

生：在我的心目中，父亲是高大魁梧，为家人出力，劳苦功高，后来却变得比较老的形象，有些茫然若失了。

师：好的，你对文章非常熟悉，结合了文章的内容。

生：父亲就是懂得关心我们、爱护我们的人。

生：父亲就是在外面努力工作，在家里体贴我们的人。

师：是的，巍巍高山般的父亲，给我们山一样的呵护，山一样的保护。

生：父亲是一个很高大的形象，就像《爸爸去哪儿》中的主题曲唱的一样（唱）“宝贝，宝贝，我是你的大树，一生陪你看日出”，我觉得有父亲在就有安全感。

（众人笑，鼓掌。）

师：感谢你，孩子，这就是父亲啊！是的，“无情未必真豪杰，怜子如何不丈夫”，拥有优秀品质的父亲深沉地呵护着自己的子女，这是我们生活中了解的父亲，但是，父亲还有我们并未深刻认识到的内涵。希望通过对这篇小说的学习，我们能够更深入地走近父亲、理解父亲，学会心疼我们的父亲。让我们带着对父亲的认识一起走进李森祥的《台阶》，走近文中的农民父亲。

二、探究两大主体板块

1. 可敬可赞的父亲

师：在“我”的家乡，有一个十分特别的风俗——

生：哪一家的台阶高，这家主人的地位就相应高。

师：所以，家中只有三级台阶的父亲经常说的一句话就是——

生：我们家的台阶低！

课件出示：

我们家的台阶低！

师：（对一学生）请你清晰洪亮地读出这句话。

生：我们家的台阶低！

师：请你用父亲的口吻读一下这句话。

生：（略带情感）我们家的台阶低！

师：请你饱含浓重情感以父亲的口吻读一下这句话。

生：（略带情感）我们家的台阶低！

师：好的，文字渐渐有了温度，有了生命。我想问一下，你体会到父亲说这句话的时候内心是一种怎样的感受了吗？

生：觉得自己非常卑微，自卑。

师：自卑、失望、无奈。如果作者只想表达这种情感的话，我觉得加一个感叹词，会将这种情感表达得更强烈，试一试。

生：（加入一个感叹词）唉！我们家的台阶低！

师：好的，谢谢。但文章中没有这个感叹词“唉”，那么在这看似自卑的情感背后你还读出了父亲什么样的心理？

生：父亲非常坚定，要建很高的台阶。

师：是的，自卑背后是一种热切的向往，失望背后是一种强烈的渴望，这就是心有不甘、胸怀梦想，有着强烈渴望、自尊自强的父亲。男人当自强，责任肩上扛！

师：父亲的梦想是——

生：造一栋有高台阶的新屋。

师：现在看来是简单的愿望，但在20世纪80年代，对于一个农民来说，仅靠一己之力，赤手空拳地去实现，无疑是一个宏大的志愿、浩大的工程，但“我”的父亲没有止于心中有梦，而是为了梦想开始了漫长的准备。

课件出示：

父亲的准备是十分漫长的。

师：请清晰洪亮地读一下这句话。

（一学生读。）

师：请读出时间漫长的感觉。

生：父亲的准备是十分漫长的。（重读“漫长”）

师：我们能不能读出在十分漫长的准备过程中父亲的艰辛？

生：父亲的准备是十分漫长的。（重读“十分漫长”）

师：看来这句话很难读，读懂了这句话，读懂了“十分漫长”，也就读懂了父亲的艰辛，读懂了父亲。观文者披文以入情，真正要把这句话读好，还要读下面的内容，让我们认认真真地再读一下第10~16

自然段，父亲准备造屋的过程，哪些细节能让你感受到父亲漫长准备中的艰辛？

（学生认真读课文第 10~16 自然段。）

生：“一年中他七个月种田，四个月去山里砍柴，半个月在大溪滩上捡屋基卵石，剩下半个月用来过年、编草鞋。”从这里可以看出父亲这一年中都没有休息，一直在忙碌，为造有高台阶的新屋在忙碌。

课件出示：

一年中他七个月种田，四个月去山里砍柴，半个月在大溪滩上捡屋基卵石，剩下半个月用来过年、编草鞋。

师：是啊，父亲一直在艰辛地准备着，一年 12 个月，365 天，年年如此，日日辛劳，5 年过去了，“我”还是个儿童，“我”就看到心有梦想的父亲这样艰辛地准备着——

生：（读）一年中他七个月种田，四个月去山里砍柴，半个月在大溪滩上捡屋基卵石，剩下半个月用来过年、编草鞋。

师：10 年过去了，“我”已经是个少年了，仍看到可敬的父亲这样执着地准备着——

生：（读）一年中他七个月种田，四个月去山里砍柴，半个月在大溪滩上捡屋基卵石，剩下半个月用来过年、编草鞋。

师：20 年过去了，“我”已经长大了，还是看到父亲呀，竟然半辈子都这样艰辛而又执着地准备着，让我们一起动情地读一读。

生：（齐读）一年中他七个月种田，四个月去山里砍柴，半个月在大溪滩上捡屋基卵石，剩下半个月用来过年、编草鞋。

师：父亲就这样艰辛地准备了大半辈子，这样执着地准备了大半辈子。父亲坚忍不拔、艰苦奋斗的身影深深地印在“我”幼小的心灵上。请你们带着这种感觉再读读“十分漫长”这句话。

生：父亲的准备是十分漫长的。（重读“十分漫长”）

师：是的，我们还在一些语句中读出了这种漫长准备中父亲的艰辛。谁来读读是哪些语句？

生：“冬天，晚稻收仓了，春花也种下地，父亲穿着草鞋去山里砍柴。”“只知道鸡叫三遍时父亲出发，黄昏贴近家门口时归来。”“一个冬天下来，破草鞋堆得超过了台阶。”“鸡叫三遍时父亲出发，黄昏贴近家门口时归来”这句话体现出父亲早出晚归，让人体会到他的不容易。

课件出示：

冬天，晚稻收仓了，春花也种下地，父亲穿着草鞋去山里砍柴。他砍柴一为家烧，二为卖钱，一元一担。父亲一天砍一担半，得一元五角。那时我不知道山有多远，只知道鸡叫三遍时父亲出发，黄昏贴近家门口时归来，把柴靠在墙根上，很疲倦地坐在台阶上，把已经磨穿了底的草鞋脱下来，垒在门墙边。一个冬天下来，破草鞋堆得超过了台阶。

师：谢谢。你发现的这一段是非常细致的描写，是对黄昏砍柴归来的父亲的描述，在这段细致的描写中，有一个词特别触痛我们的心，表现出父亲砍柴后劳累的状态，哪个词？

生：（齐）很疲倦。

师：什么是“很疲倦”？同学们，生活中你有过很疲倦的经历和感受吗？

生：以前上小学的时候，有一些课外辅导班，作业布置得比较多，特别晚才能睡觉，那时就感觉很疲倦，眼里布满血丝，倒头就可以睡着的感觉。

师：是啊，这就是很疲倦，这种感受就是很疲倦。

生：有一次辅导班上到晚上八点多，下课回家还遇到堵车，到家已经九点多了，感觉非常困，就想睡觉。

师：好的，就想歇一歇，就想睡一睡，就想停一停，这就是很疲倦，过度劳累产生的不舒服就是疲倦，这是透支生命。疲倦的父亲没有时间休息，日复一日，年复一年，艰苦地坚持着，第二天鸡叫三遍时出门，黄昏贴近家门口时归来，疲倦地坚持着。同学们，生活中，你见过很疲倦的人的样子吗？

生：有时父母工作到很晚，坐在那里动都不愿意动了，我做了什么他们都不对我发脾气，因为累得都没力气搭理我了，这就是很疲倦，劳累到极点了。

师：劳累到极点，长期的疲倦会损伤身体，透支生命，这就是很疲倦。

生：我爸爸工作很辛苦，每天还要赶回家给我做饭，做完饭后经常躺在床上一下都不愿意动了。

师：这些就是很疲倦的状态，这就是疲倦的父亲的样子。父亲就是这样疲倦地坚持着，深山砍柴的父亲黄昏归来，步履蹒跚——很疲倦。而父亲又何止是砍柴后的疲倦，我们仿佛看到父亲终年劳作，长年疲倦，我们的眼前仿佛出现了在各种场所劳作的父亲的疲倦身影：我们仿佛看见耕作种田的父亲，大汗淋漓，气喘吁吁，这就是——

生：很疲倦。

师：我们仿佛看到拾石捡瓦的父亲，弯腰躬身，汗流浃背，这就是——

生：很疲倦。

师：让我们带着这种感觉，再回到那个冬天的乡村、清冷的黄昏，用情地读一读这段话，感受父亲疲倦中的坚守。

生：（充满感情地齐读）冬天，晚稻收仓了，春花也种下地，父亲穿着草鞋去山里砍柴。他砍柴一为家烧，二为卖钱，一元一担。父亲一天砍一担半，得一元五角。那时我不知道山有多远，只知道鸡叫三遍时父亲出发，黄昏贴近家门口时归来，把柴靠在墙根上，很疲倦地坐在台阶上，把已经磨穿了底的草鞋脱下来，垒在门墙边。一个冬天下来，破草鞋堆得超过了台阶。

师：是的，父亲就是这样执着地准备了大半辈子，艰辛地准备了大半辈子，疲倦地准备了大半辈子。长期的疲倦必然使父亲身劳体伤，父亲疲倦的身影一直深深刻在“我”幼小的心灵中。请同学们带着这种感觉再读读“十分漫长”一句。

课件出示：

父亲的准备是十分漫长的。

生：（动情地读）父亲的准备是十分漫长的。

师：一起来读。

生：（齐）父亲的准备是十分漫长的。

师：是的，漫长的准备，漫长的坚守，漫长的疲倦，这就是愚公移山，这就是精卫填海，这就是春燕衔泥，这就是积沙成塔。同学们，将父亲漫长的准备过程凝缩一下，就是一首小诗——

师：我的父亲啊！

生：您自尊自强，用艰辛的劳作兴家立业。

生：您执着进取，用疲倦的身躯建造台阶。

生：鸡叫三遍是您的出发号。

生：月色星光是您的归家曲。

师生：春夏秋冬，苦涩的汗水浇灌着田地。

师生：寒风冰雪，健壮的肩膀扛起了荆棘。

师：孩子们，读到这里，呈现在你们面前的是一个怎样的父亲形象？

生：呈现在我们面前的是一个劳苦功高、任劳任怨、有责任感的父亲。

师：拼搏奋斗的父亲。

生：非常坚强的父亲，他为这个家做了太多太多。

师：坚毅刚强的父亲。

生：我认为父亲是家里的顶梁柱，他扛起了家里所有的苦难。

师：倔强自强的父亲。家中的顶梁柱，儿女的希望，这就是父亲。面对这样的父亲，我们每个人心中怎能不犹然升起一种赞美之情呢。“缀文者情动而辞发”，请同学们以“父亲啊，您……”作为开头，跟文中的父亲说几句话，来表达你此时最真实的感受。我们准备一下。

课件出示：

父亲啊，您……

（学生写作，教师巡视选取较好的作品，学生伴乐朗读。）

生：父亲啊，您为我们这个家操碎了心，您在我的心中就是家里的顶梁柱，多么坚忍不拔、勤劳顽强的父亲啊！

生：父亲啊！您是多么伟大！每天早出晚归，为的是让整个家的人能够挺起胸膛来做人。这一忙，您不知又添了多少白发——因劳累而染白。

生：父亲啊！您是艰辛的，拖着不知疲倦劳累的身体；您是高大的，无论日子多么艰苦，您依旧为我们撑起一片蓝天。父亲，您辛苦了！

生：父亲啊！您为我们这个家，付出了太多心血，看到每天早出晚归、眼里布满血丝的您，我心疼。

生：父亲啊！您就像一座高耸入云的山峰，数年来任劳任怨，甘心用自己的汗水换来后代的幸福。您如大海般辽阔无边，关心家人；您又如铁壁，不管多大的风沙也吹不倒您坚定的意志。

课件出示，师生合作朗读。

（师）父亲啊！

您有精卫填海一样的刚毅

您有愚公移山一样的倔强

（生）您用双手撑起了家庭的蓝天

您用生命诠释着父亲的内涵

（师生齐）我的父亲啊！

我的巨人一样伟大的父亲啊！

我的可敬可赞的父亲啊！

师：谢谢同学们。建造有高台阶的新屋，是父亲平生之志，他朝思暮想、魂牵梦绕，有高台阶的新屋终于造成了，我们多么希望父亲能够扬眉吐气、志得意满。可是，多么令人遗憾的“可是”啊！小说竟是一个这样的结尾——

2. 可悲可叹的父亲

课件出示：

这以后，我就不敢再让父亲挑水。挑水由我包了。父亲闲着没什么事可干，又觉得很烦躁。以前他可以在青石台阶上坐几个小时，自那次腰闪了之后，似乎失去了这个兴趣，也不愿找别人聊聊，也很少跨出我们家的台阶。偶尔出去一趟，回来时，一副若有所失的模样。

我就陪父亲在门槛上休息一会儿，他那颗很倔的头颅埋在膝盖里半晌都没动，那极短的发，似刚收割过的庄稼茬，高低不齐，灰白而失去了生机。

好久之后，父亲又像问自己又像是问我：这人怎么了？

师：同学们，看到这样的结尾，你此时最真切的感受是什么？请用一个词来概括，然后再解释一下。

生：读了这些，我非常心疼。父亲辛苦了这么长时间，终于把有高台阶的新屋造好了，本来可以享福的，但岁月不饶人，父亲老了，他也许不能享受他自己所带来的成果了。

师：那么谁享受了这个成果呢？

生：是他的后代，他的孩子。

师：是的，他的子女，他的家人。父亲衰老了，这个衰老不仅仅是时间意义上的衰老，他是在漫长的准备中、长期的艰辛劳碌中、长期的疲倦中衰老的。有高台阶的新屋造好了，曾经钢铁一样的巨人，曾经扛鼎拔山的勇士竟然衰老至此——

课件出示：

他那颗很倔的头颅埋在膝盖里半晌都没动，那极短的发，似刚收割过的庄稼茬，高低不齐，灰白而失去了生机。

好久之后，父亲又像问自己又像是问我：这人怎么了？

（学生读。）

师：这人怎么了？我的父亲啊，你怎么了？你曾经是那样的——

生：倔强。

师：你曾经是那样的——

生：要强，不甘落后。

师：你曾经是那样的——

生：高大魁梧。

师：是啊，你充满着梦想，充满着活力，充满着力量啊！回顾全文，回顾你的一生——

课件出示：

还记得您连续三趟背回三百来斤重的青石板。

还记得您……

还记得您……

还记得您……

（学生思索片刻。）

生：还记得您每天鸡叫三遍就出发去砍柴。

生：还记得您用那坚定的话语说要造一栋有高台阶的新屋。

生：还记得您一年中七个月种田，四个月去山里砍柴，半个月在大溪滩上捡屋基卵石，剩下半个月用来过年、编草鞋。

生：还记得您那摇也摇不散的坚定目光吗？

生：还记得那泛着光亮的黄泥吗？

师：是啊，您有劈山斗海的力量，您有移山填海的气魄，您有奔走不息的生命活力啊，我的父亲啊，您现在怎么了？

课件出示：

他那颗很倔的头颅埋在膝盖里半晌都没动，那极短的发，似刚收割过的庄稼茬，高低不齐，灰白而失去了生机。

好久之后，父亲又像问自己又像是问我：这人怎么了？

（师生齐读。）

师：父亲怎么了？

生：父亲衰老了。

生：父亲累垮了。

生：父亲已经老了。

生：父亲已经失去了年轻时的活力。

三、伟大的父亲，生命的台阶

师：大半辈子的艰辛，大半辈子的劳苦，大半辈子的疲倦，父亲用他的青春和生命为家庭、为子女建造了有九级台阶的房屋。建成以后，身衰体伤、失去了劳动力的倔强刚强的父亲却无法接受自己不能担负父亲的重担、男人的责任这一事实，父亲痛苦、无奈、伤感而又迷茫。他的深深埋头让我们感受到夸父逐日般的悲壮，让我们敬重中有同情，同情后更加敬重。怎么了？儿子做出了回答——

课件出示：

怎么了呢，父亲老了。

师：不知同学们在儿子的回答中是否发现，这里的标点运用得很特殊，很耐人寻味。

生："怎么了呢"好像是自己在反问自己，又好像是回答前面那一段里父亲的问题；后来又说"父亲老了"并用了句号，这个句号让人感受到一种悲壮，表达出悲伤的情感。

师：你从一个句号中读懂了儿子的心、作者的意。这个波澜不惊的句号，确实深沉而冷静地烘托了父亲的凄凉，一个句号结束了父亲刚强的一生、执着的一生、奋斗的一生、拼搏的一生。父亲老了，身衰体伤，失落彷徨，但他确实以他的青春和热血为"我"们造了有九级台阶的新屋，他的可悲可叹，不恰恰让我们感受到他的可敬可赞吗？这就是父亲，执着坚毅、顽强进取、自强不息、勇于担当，他是伟大的父亲。

（板书：伟大的父亲。）

师：同学们，你们觉得儿子在回答的时候，是在心里默默地说，还是直接告诉父亲？

生：我认为是默默地说。父亲不愿意承认自己老了，所以不能当着父亲的面说。

师：懂得了心疼父亲，很不错。是的，学会心疼我们的父亲吧，文中的父亲似乎离我们的生活很远，却是我们所有父亲精神内涵的缩影。学会心疼我们的父亲吧，用我们的成长来回报他吧，因为终有一天我们的父亲也会这样老去。

师：让我们重读“老了”，把我们的心疼献给我们的父亲。

生：（齐）父亲老了。

师：让我们重读“父亲”，把我们的敬重献给我们的父亲。

生：（齐）父亲老了。

师：让我们再读一遍，把我们的感恩和我们的祝福都献给我们的父亲！

生：（齐）父亲老了。

师：谢谢同学们。此时此刻，同学们对父亲的形象有没有新的认识？

生：我觉得父亲就是甘愿把自己的一生都奉献给家人，用自己的汗水换来家人的幸福的人。

师：是的，这就是父亲。

生：我认为父亲是很伟大的，不过我为文中的父亲感到惋惜，因为他不应该把这大半生都用在建造有高台阶的屋子上，半生的付出自己都享受不到。

师：那我想问问你，他大半生的付出都奉献给谁了？

生：奉献给文中的“我”和家庭。

师：是啊，孩子，等你们长大后，就会知道我们的父亲为什么这么做了，你的惋惜恰恰是父亲的伟大啊！是啊！这就是父亲，过去是，现在是，将来还是。他们用他们的一生，用他们的青春和热血筑成我们成长的台阶，支撑着家庭，抚育着儿女，并把他们的精神传承给我们，筑成我们生命的台阶。

（板书：生命的台阶。）

师：正是千千万万个父亲的生命的传承、精神的传承，才使得中华民族的精神代代相传、中华民族的文明生生不息，他们是我们生命的台阶、民族的台阶，传承着生命，绵延着民族精神！同学们，在准备这节课的时候，我也深深受到震撼，我也是一个儿子，我感谢我的父亲为我奠定坚实的台阶；我更是一个父亲，我深深地感到父亲的责任和光荣。我脑中想到这样一首诗，让我们恭恭敬敬地来读一下。

课件出示：

挺起来
就是世界上最高的山
躺起来
就是世界上最坚的桥
倒下去
就是世界上最长的路
父亲啊 我们的父亲

（师生合作配乐诵读。）

师：谢谢，这节课就上到这里，下课！

生：老师再见！

师：好，谢谢同学们！

【评析】

唤醒语文灵魂　搭建精神台阶

孙　红

语文是什么？仅从字面理解，语文就是语言、文字、文章。但是热爱语文的人都知道，这个解释太苍白，太缺少情感的温度。语文，应该是飞扬的情思，是灵动的精神，更是流淌着鲜红血液的生命！所以，成功的语文课，教师应该能够用精湛的教学艺术触动学生情感的神经，激发学生热爱的情怀，进而让语文绽放出应有的生命异彩。一句话，语文课堂需要唤醒——唤醒睡在文字里的情感，唤起学生情感的共鸣，通过唤醒达到言语和精神的和谐发展！

从这个意义上讲，孙鸿飞老师执教的《台阶》一课是成功的。

《台阶》是李森祥的一篇小说，描写一位父亲终年辛苦，铢积寸累，准备了大半辈子，终于建成了一栋有九级台阶的新屋，而新屋落成了，人也衰老了，身体也垮了，从一下子能背起三百来斤重的石板的壮年，衰老成连一担水都不能挑的老人。这栋有九级台阶的新屋成了父亲的人生坐标，也成了父亲生命的终点。

面对这个蕴含着淡淡凄楚与辛酸的故事，如果是偏远农村的孩子，他们会理解贫困带给父亲的艰辛；如果是有足够生活阅历的成人，他们会理解责任带给父亲的坚忍；如果是同样承担着家庭重担的人父、人母，他们会更容易与用青春和热血筑成儿女成长台阶的父亲产生情感的共鸣！可是，眼前，孙老师面对的是一群生活无忧、生存无虑、住的是高楼大厦、走的是柏油马路的十二三岁的城市少年，要想让他们真正理解文中父亲的形象，认识父亲形象的深刻内涵，谈何容易！

那么，孙老师是如何引导这些懵懂少年与文中的父亲完成情感对接的呢？

生活移情，披文入情，以情唤情，是孙老师本节课教学的突出特色！

上课伊始，孙老师并没有在课前整体感知文章内容的基础上急于带领学生体会文中父亲的形象，而是把调动学生的生活体验作为理解文本的突破口：在你的心目中，父亲是一个怎样的形象？

生：父亲就是懂得关心我们、爱护我们的人。

生：父亲就是在外面努力工作，在家里体贴我们的人。

师：是的，巍巍高山般的父亲，给我们山一样的呵护，山一样的保护。

生：父亲是一个很高大的形象，就像《爸爸去哪儿》中的主题曲唱的一样（唱）“宝贝，宝贝，我是你的大树，一生陪你看日出”，我觉得有父亲在就有安全感。

……

师：让我们带着对父亲的认识一起走进李森祥的《台阶》，走近文中的农民父亲。

孙老师巧妙地将学生对生活中父亲的感情转移到对文中父亲的认识上来，对学生情感的第一次唤醒水到渠成！

没有生活体验的作品是没有生命的作品，没有生活经验参与的阅读谈不上真正的阅读！此时学生对父亲的感知虽然并不深入，但是这宝贵的生活积累，已经为学生走近文中的父亲奠定了第一级台阶。

感受父亲的艰辛，体会艰辛背后所蕴含的自尊自强，是认识父亲形象、理解父亲形象深刻内涵的重要节点，也是本节课的教学重点。

在这一环节，孙老师准确地抓住两个关键词“漫长”和“疲倦”，品析重点，研读细节。

这两个词，承载着父亲一生的梦想，浸透了父亲半生的心血！读懂了这两个词，也就读懂了父亲的艰辛，读懂了父亲。

“哪些细节能让你感受到父亲漫长准备中的艰辛？”“什么是‘很疲倦’？”“生活中你有过很疲倦的经历和感受吗？”“生活中，你见过很疲倦的人的样子吗？”

问题的指向名为析词，实则悟文。“漫长”是抽象的，细节是可感的；“疲倦”是抽象的，体验是可感的。在可感的细节中，在真切的体验中，在孙老师举象、造境、铺陈、渲染的推波助澜中，抽象的“漫长”和“疲倦”开始变得生动，变得具体，变成了寒意料峭的初春，变成了烈日难耐的盛夏，变成了凉风瑟瑟的深秋，变成了严寒刺骨的隆冬，变成了鸡叫三遍时出发的背影，变成了黄昏贴近家门口时归来的脚步，变成了一年三百六十五天，变成了三百六十五个日日夜夜！

以词带文，披文入境，情境相融，人随情动！此时的课堂，没有了上课伊始的紧张、沉闷，学生的思维被调动起来，课堂变得活跃了，孙老师顺势启发：“缀文者情动而辞发，请同学们以‘父亲啊，您……’作为开头，跟文中的父亲说几句话，来表达你此时最真实的感受。”

“沿波讨源，虽幽必显。”经过前面一系列的情感蓄势，此时我们从学生的表达中明显感受到了其对父亲的理解、心疼、感激和敬重！加之受到孙老师整节课诗一样的语言的感染，学生的发言集合起来，就是一首赞美父亲的诗篇！

下面，就让我们重温在背景音乐的烘托下学生动情发言时的感人瞬间吧。

生：父亲啊，您为我们这个家操碎了心，您在我的心中就是家里的顶梁柱，多么坚忍不拔、勤劳顽强的父亲啊！

生：父亲啊！您是多么伟大！每天早出晚归，为的是让整个家的人能够挺起胸膛来做人。这一忙，您不知又添了多少白发——因劳累而染白。

生：父亲啊！您是艰辛的，拖着不知疲倦劳累的身体；您是高大的，无论日子多么艰苦，您依旧为我们撑起一片蓝天。父亲，您辛苦了！

生：父亲啊！您为我们这个家，付出了太多心血，看到每天早出晚归、眼里布满血丝的您，我心疼。

生：父亲啊！您就像一座高耸入云的山峰，数年来任劳任怨，甘心用自己的汗水换来后代的幸福。您如大海般辽阔无边，关心家人；您又如铁壁，不管多大的风沙也吹不倒您坚定的意志。

课件出示，师生合作朗读。

（师）父亲啊！

您有精卫填海一样的刚毅

您有愚公移山一样的倔强

（生）您用双手撑起了家庭的蓝天

您用生命诠释着父亲的内涵

（师生齐）我的父亲啊！

我的巨人一样伟大的父亲啊！

我的可敬可赞的父亲啊！

倾心的表达，倾情的诵读，感动了自己，也感动了在场的教师们，场上响起了热烈的掌声，课堂出现了新的高潮！

德国教育家第斯多惠说："教学的艺术不在于传授本领，而在于激励、唤醒、鼓舞。"孙老师用他充满智慧与诗意的教学艺术，引导学生披文入情，唤醒了文字的灵性，唤醒了文章的灵魂，也唤醒了学生沉睡的情感，唤醒了学生语言的生命！

绘人先绘眼，画龙需点睛。本节课对父亲精神内涵的品味与挖掘，体现了教师深刻的思想和独特的认识，可谓点睛之笔！

《台阶》一文的结尾，出人意料又意蕴丰富。建一座有高台阶的新屋，对于父亲来说是人生一项最重要的“事业”，但是，它的成功，不但没有带给父亲巨大的幸福和尊严，反而让父亲“那颗很倔的头颅埋在膝盖里半晌都没动”。对于这一结尾，有人读出了身体衰朽的心痛，有人读出了追求丧失的可悲，有人读出了新屋没有换来相应社会地位的遗憾，更有人读出了中国农民们拥有坚忍、执着、吃苦耐劳等人类最高贵的精神却依旧换不来一个人基本的尊严和幸福的无奈……凡此种种，不一而足。可是，我们面对的毕竟是十二三岁心智尚未成熟的孩子啊，怎样解读才恰如其分、拿捏适度呢？这不仅让我想起了以前读过的一篇文章，里面有这样一段话：“当勤劳善良和失意孪生，和智慧决裂，和冷漠对峙，当无数的‘父亲’靠自己辛勤的劳动依旧无法平和而安静地生活在社会的底层，甚至还成了他人笑柄的时候，我们的教育，将无法避免尴尬。”可见，对父亲形象内涵的解读需要谨之又谨，慎之又慎，如果我们对其“可悲”之处的强调方法不当，就完全有可能引发学生对艰苦奋斗精神的负面思考，严重的甚至可能使学生鄙视奋斗或不屑奋斗。

在这一问题的处理上，我认为，孙老师是智慧的。

首先，孙老师引导学生用“你曾经是那样的……”和“还记得您……”的句式，深情回顾了父亲勤劳付出的一生，一桩桩，一件件，如电影镜头般在学生们眼前闪过；一桩桩，一件件，又如刀子一样，在学生们的心上划过！

是啊，面对这现实与理想的巨大落差，有谁能不心生悲凉呢！此时的学生与读到此处的所有读者一样，心情滑落到了谷底……

但是，孙老师的高明在于，他没有让这种悲悯的情绪肆意蔓延，而是及时因势利导：“身衰体伤、失去了劳动力的倔强刚强的父亲却无法接受自己不能担负父亲的重担、男人的责任这一事实，父亲痛苦、无奈、伤感而又迷茫。他的深深埋头让我们感受到夸父逐日般的悲壮，让我们敬重中有同情，同情后更加敬重。”“学会心疼我们的父亲吧，用我们的成长来回报他吧，因为终有一天我们的父亲也会这样老去。”

悲哀变成了悲壮，遗憾化成了敬重！心疼父亲，更是让语文与生活对接，让原本来自生活的语文再回到生活中去，实现了语文学科对人的教化功能。但是，这种教化，不是生硬的要求，不是刻板的说教，而是将心比心，以情唤情，润物无声，雪落无痕……

孙老师并没有就此止步，而是让学生带着心疼，带着敬重，带着深深的感恩和祝福，反复诵读“父亲老了”这句话。在读得荡气回肠、读得热血沸腾的时候，抛出了一个新问题：“此时此刻，同学们对父亲的形象有没有新的认识？”

这一问，问出了学生的心声，更为父亲形象的内涵拓开了一个新的境界：正是千千万万个父亲的生命的传承、精神的传承，才使得中华民族的精神代代相传、中华民族的文明生生不息，他们是我们生命的台阶、民族的台阶，传承着生命，绵延着民族精神！

《宋史·张载传》中说：“与诸生讲学，每告以知礼成性变化气质之道。”可见，教学的终极目的应该是育人，通过教学触动人的精神世界，开启人的心灵之窗，从而影响人、培养人，使之成为一个有益于社会的人，这该是教育最本质的追求吧。孙老师正在用他奇妙的唤醒艺术实践着这一崇高的追求！

有人说，文字、文章、文化的和谐统一是孙老师课堂教学的一大特色。本节课又一次印证了这一特色，并使之得到了发扬、光大。

给学生审美的眼睛，感悟悲剧的美学意义[①]

——《心中的鹰》教学实录及评析

一、以题入文

师：同学们，今天我们一同来学习作家唐敏的一篇散文，让我们读读题目。

生：心中的鹰

师：第一次和同学们一起学习，看一看我们有没有默契，注意听，让我们突出这只不平凡的鸟（范读），再读一下题目。

生：心中的鹰。(重读“鹰”)

师：非常好，同学们感悟能力真强，这次让我们突出作者对这只鹰特别的情感，慢一些，再读一下题目。

生：心中的鹰。(重读“心中的”)

二、英雄赞歌

1. 找描写，初识鹰的形象

师：这只鹰翱翔在作者的心中，它是一只怎样不平凡的鸟？请同学们速读第 1~14 自然段，去书上找找描写鹰的句子，把它们画出来。

（学生速读，并在书上勾画。）

师：谁找到了？把你找到的描写鹰的句子读给大家听一听。

生：我在第 5 自然段找到的句子：“张开翅膀，凝在蓝天心里的‘一’字。许久，身子一斜，听任气流托着它回旋。”

① 这一课是 2014 年第六届全国名家人文教育高端论坛暨名师课堂研讨会展示课。

师：雄鹰翱翔天宇，这是一处。

生：我找到的是第 11 自然段的："自知死亡将至的鹰，悄悄离开巢穴，飞向人迹不到的深山。在那里一次又一次，向高高的蓝天冲击，直到竭尽全力。它收拢巨大的翅膀，箭一样扎进瀑布冲泻的深潭。"

师：谢谢，你读的这一句是最震撼我们的地方。你能不能再推荐一位同学读一读。

（又一学生有感情地诵读。）

师：读出了悲壮的味道，不负众望。

生：我找到的是："最难忘是老鹰带小鹰学飞。鹰爸爸、鹰妈妈，中间是很小的鹰。逆风飞，迎风飞，并拢翅膀直线坠下，再鼓动双翼直线上升。爸爸妈妈并排齐肩，后面是儿子。品字形上升，品字形下坠，品字形斜过蓝天。"

师：鹰爸爸、鹰妈妈教小鹰学飞，这又是一处。

2. 品词语，体悟鹰的形象

师：作者用简洁的笔墨勾勒出鹰的形象，言简意丰，形神兼备。

课件出示：

张开翅膀，凝在蓝天心里的"一"字。许久，身子一斜，听任气流托着它回旋。

爸爸妈妈并排齐肩，后面是儿子。品字形上升，品字形下坠，品字形斜过蓝天。

自知死亡将至的鹰，悄悄离开巢穴，飞向人迹不到的深山。在那里一次又一次，向高高的蓝天冲击，直到竭尽全力。它收拢巨大的翅膀，箭一样扎进瀑布冲泻的深潭。

师：请同学们注意一下句子中加点的词语，放慢速度反复读读这几处，用心体会其蕴含的丰富内容和情感。

（学生自由练读，体会句子内涵。）

师：同学们读得很认真，一定对语句有了更深入的理解。（指一学生）这位同学，你读得很投入，我想请你来读读第一句。

（学生读。）

师：你能不能用自己的话说一说什么叫“听任”。

生：“听任”一词用在这里，可以表现出鹰的坚强。不管声音如何，自己只听到它在说。在这里就是加重了语气。

师：你换一个词解释一下“听任”，可能就有更深的理解了。

生：“任凭”。

师：请你把“任凭”带入句子，再读一遍。

生：许久，身子一斜，任凭气流托着它回旋。

师：“任凭气流托着它回旋”是一种怎样的飞翔状态？

生：不畏艰难，只看前方。“气流托着它回旋”也不畏惧。

师：无所畏惧，凌云御风，这就叫“听任”。

【思考】在以词解词的帮助下，学生修正了自己的回答，并较准确地感受到鹰的形象，这一设问是相对有效的。

师：（指一学生）读这一句，你感受到鹰是一种怎样的状态？

生：我感受到鹰在天空飞翔时的大胆。

师：自由勇敢，振翮天宇，这就是听任。也只有雄鹰才有这样的气魄和勇气，带着这样的感觉，我们来读一读。

【思考】对话过程中又完成了一处对学生表述的总结提升，这是语文教师在师生对话中最基本的能力，与学生说同样的话，但要高度概括并理性提升，而这所有的概括总结均来源于学生的回答内容，来于学生，高于学生，且不着痕迹。

（师生读。）

师：鹰爸爸、鹰妈妈、鹰孩子呈品字形飞翔，给你什么样的感觉？

生："品字形上升，品字形下坠，品字形斜过蓝天"，品字形，能体现一家三口的团结。

师：可不可以将"团结"换一个词？

生：和谐、和睦。

【思考】看似简单的换词，实际上完成了一场提高学生用词精准度的训练。在语文课上，这类更正必不可少。

师：多么温馨、多么美好、多么和谐。（指一学生）你能发现鹰一家人"品字形"排列的位置吗？

生：小鹰在品字形的右下角……不对，小鹰应该在品字形的上面。

师：下面是——

生：下面是鹰爸爸、鹰妈妈。

师：小鹰一家品字形向上飞、向下飞、斜过蓝天。

师：这就是一幅画呀！多么和谐、多么默契、多么美好，心心相印，生命合一。所有女同学，让我们读出这生命的美好。

女生：爸爸妈妈并排齐肩，后面是儿子。品字形上升，品字形下坠，品字形斜过蓝天。

【思考】此处对话的目的是将静态的文字转化为动态的画面，一个"品"字经过品读具有了情感和动态。

师：（指一男生）你认为女同学读得怎么样？

生：我认为她们读得很优美。能够读出一家"鹰"一起练飞的温馨和睦，读出了一种亲切感。

师：温馨谐美、清脆动人。下一句就需要我们男同学读出慷慨悲壮了，我们的男同学们能否读出这种力量呢？

生：（洪亮地）能。

师：好，男同学起立，让我们一起读出这种悲壮之感。

男生：自知死亡将至的鹰，悄悄离开巢穴，飞向人迹不到的深山。在那里一次又一次，向高高的蓝天冲击，直到竭尽全力。它收拢巨大的翅膀，箭一样扎进瀑布冲泻的深潭。

师：朗读本身就是一种理解，感谢男同学们。

【思考】看似简单的一互评、一激励，学生的情绪便体现出来了，学生有了笑容、有了自信、有了自我，课堂就有了生命。课堂的节奏也陡然发生了变化。

师：同学们，你们能不能理解“一次又一次，向高高的蓝天冲击”和“箭一样扎进瀑布冲泻的深潭”的行为？

生：我认为鹰知道自己死亡将至，所以在生命的最后要展现一下自己，表明它用了很大的力量。

师：心有蓝天，拼搏奋斗，至死不渝。

【思考】此处对话确有空白，如果加一句追问：死亡将至，用巨大的力量要展现自己的什么呢？学生是不是就可以想到，鹰的生命不止，奋斗不止。教师的提升虽在理解的基础之上，但此处的空白未免令人遗憾。

生：这个行为体现了鹰骨子里的骄傲，即使在生命的最后一刻，也要向蓝天搏击，力量枯竭之时，箭一样扎进瀑布冲泻的深潭，即使要死，也要死得壮烈。

师：生的精彩，死的悲壮；生的灿烂，死的辉煌。英雄之鸟，死亡也不同凡响，死亡也震撼人心！让我们充满敬意地齐读这句话。

师生：自知死亡将至的鹰，悄悄离开巢穴，飞向人迹不到的深山。在那里一次又一次，向高高的蓝天冲击，直到竭尽全力。它收拢巨大的翅膀，箭一样扎进瀑布冲泻的深潭。

师：读着，品着，鹰的形象越来越清晰，它是一只怎样的鸟？请用一个词概括一下。

生：勇敢的、坚强的。

师：勇敢、坚强，请把这组词写在黑板上。

生：高傲的。

师：神圣而高傲的鸟，请把这组词写在黑板上。

生：非常地骄傲、自豪。

师：这是一只神圣庄严的鸟。

【思考】呼之欲出，就差一个追问！“为什么它应该骄傲？”此为一处不灵活之遗憾。

生：它是一只威武的鸟。

师：如何理解它的威武呢？

生：文中说鹰活得庄严，它也必须死得庄严、死得荣耀。在这里就可以看出鹰的威武不屈。

师：你反复提到了鹰的庄严，请把这个词也庄严地写在黑板上。

【思考】学生在回答时往往并无准确的逻辑思维，缺少必然的因果关系。“威武”的外在形象，用庄严来诠释显然不够准确，但是庄严的生死的确可以让我们看到一种威风凛凛的形象。

生：我认为鹰有一种大无畏的精神，面对蓝天，无论遇到怎样的困难，都会高高地冲击，鹰很勇敢，也很坚强，具有大无畏的精神。

师：勇敢无畏，写在黑板上。

生：我认为鹰是庄严的、壮丽的。它知道死之将至，于是独自飞到无人的深山，从中我们可以看出它内心的孤傲；冲进深潭，可以看出它死亡时的壮丽。

师：鹰是孤傲的、神圣的，因为它有翱翔蓝天的追求，勇于追求，至死不休。勇于追求，写在黑板上。

【思考】这一次对话不成功，学生的回答明显是用词错误，壮丽不能形容鹰的形象，其实这个学生的表达还是在重复前面学生的观点——“庄严”，此时我过于要求学生对鹰的形象的全面理解，又顾及课堂的时间，将“勇于追求”强加给学生，这不是课堂的真实，应该自我批评。

（学生们依次到黑板前工整书写概括鹰形象的词语：勇敢坚强、庄严、勇敢无畏、勇于追求、神圣。）

师：鹰的形象越来越清晰，鹰在我的心里，已不仅仅是一只鸟，它是一种形象、一种化身、一种象征。

（教师在学生写的词语前书写“象征”两个字。）

师：它象征着——

生：勇敢坚强。

生：庄严。

生：勇敢无畏。

生：勇于追求。

生：神圣。

师：它是一种拼搏奋进的力量、一种永不言败的信念、一种无所畏惧的勇气，是作者心中的美好象征。

（板书“美好”。）

课件出示：

张开翅膀，凝在蓝天心里的“一”字。许久，身子一斜，听任气流托着它回旋。

师：让我们带着这种理解再来读一读这些简洁又充满神韵的描写。

（音乐《英雄的黎明》起。）

师：让我们读出鹰振翮天宇、自由翱翔的豪迈。

（学生齐读。）

课件出示：

爸爸妈妈并排齐肩，后面是儿子。品字形上升，品字形下坠，品字形斜过蓝天。

师：让我们读出鹰一家情满天空、温馨暖人的谐美。

（学生齐读。）

课件出示：

自知死亡将至的鹰，悄悄离开巢穴，飞向人迹不到的深山。在那里一次又一次，向高高的蓝天冲击，直到竭尽全力。它收拢巨大的翅膀，箭一样扎进瀑布冲泻的深潭。

师：让我们读出鹰慷慨赴死、庄严神圣的悲壮。

（学生齐读。）

师：我心中的鹰，我心中的信念、力量和希望呀，我心中的美好呀，所以——

课件出示：

只要看到鹰从天上飞过，心就不会死。

师：不管多么绝望、悲伤——

生：只要看到鹰从天上飞过，心就不会死。

师：不管多么绝望、悲伤——

生：只要看到鹰从天上飞过，心就不会死。

师：不管多么绝望、悲伤——

生：（齐）只要看到鹰从天上飞过，心就不会死。

三、美的破碎

课件出示灰色背景。

（《天国的女儿》音乐响起。）

师：但是枪终于响了！半自动步枪和谐清脆的连击。我奔出小木屋，看见鹰以一种波浪状的斜线向地面上慢慢落下来。啊，我心中的鹰落了下来！那象征着勇敢自由的鹰从空中落了下来，那象征着勇敢无畏的鹰从空中落了下来，那象征着神圣庄严的鹰、象征着一切美好的鹰从空中落了下来。

（教师慢慢擦掉黑板上描写鹰的形象的词语。）

课件出示：

我从草地上爬近那只鹰。它竟是那样年轻，像十六岁的少年。一只翅膀张开，保持着飞翔的姿态。它的一只眼睛看着蓝天，睁得圆圆的。这是一颗淡紫色的玛瑙，布满细小的蜂窝状棱面，太阳在里面反映出无数亮点，最清澈、最明亮的。

（教师有感情地诵读。）

师：雄鹰坠地，英雄殒命，你此时的心情如何？

生：非常悲伤，为鹰惋惜。

师：悲伤。你呢？

生：非常痛苦，非常无奈。

师：痛苦。是呀，我心中的鹰呀，我心中的美好啊，如今就这样坠落在我身边。美的事物被毁灭就是悲剧啊！在我们眼前有一双望向蓝天、睁得圆圆的、布满细小的蜂窝状棱面的眼睛，在这清澈、明亮、淡紫色的眼睛里，我们仿佛读懂了鹰的内心，听到了鹰的话语。你从这淡紫色的眼睛里读懂了什么？

生：我从句子“太阳在里面反映出无数亮点，最清澈、最明亮的”中读出它的眼睛是太阳的象征。作者重点描写鹰的眼睛，认为鹰的眼睛很重要。

师：我的问题是你从鹰的眼睛里读出了什么，听到了什么。

生：这里有一句描写“一只眼睛看着蓝天，睁得圆圆的”，我从这句话中读出，鹰对生命的渴望、对自由的渴望。

师：花季生命，不幸夭折，悲哉痛哉！

生：我从它的眼中读出了对生命的渴望，它不想在花季的时候，就这样死去。

师：对生命的眷恋。

生：我读出了鹰的惋惜。它还没有向蓝天冲击，它还没有实现自己的梦想。

师：心有蓝天，壮心不已，壮志未酬，死不瞑目。是呀，美的生命要有美的归宿，“我”属于蓝天，那里才是“我”的家。那淡紫色的眼睛里分明有曾经的回忆、不灭的雄心、英雄的庄严。我心中的鹰呀，你一定想到了那搏击长空、振翮天宇的情景——

（《英雄的赞歌》音乐再次响起，屏幕图片呈灰白色。）

课件出示：

许久，身子一斜，听任气流托着它回旋。

（学生读。）

师：你一定想到了和爸爸、妈妈一起学飞的温馨和美——

课件出示：

爸爸妈妈并排齐肩，后面是儿子。品字形上升，品字形下坠，品字形斜过蓝天。

（学生读。）

师：你一定想到了英雄活要活得精彩，死要死的庄严——

课件出示：

在那里一次又一次，向高高的蓝天冲击，直到竭尽全力。它收拢巨大的翅膀，箭一样扎进瀑布冲泻的深潭。

（学生读。）

四、悲剧美学

师：美的生命被毁灭，这就是悲剧。作者的心和读者的心都在战栗，都在泣泪滴血，文中的每个人物都充满了痛苦和悲伤。请同学们阅读文章，找一找对每个人痛苦心情的描写，体会体会。

课件出示：

痛苦。

（学生速读圈画。）

生："我奔出小木屋，看见鹰以一种波浪状的斜线向地面上慢慢落下来。"从"奔出小木屋"的"奔"字可以看出作者对鹰的关心，想知道鹰怎么样了。"波浪状"和"慢慢"渲染了一种悲伤的气氛，作者预料到鹰已经死了，非常伤心。

师：这里的"我"就是作者的代言。

【思考】此处描写在预设时没有考虑到，因为文中表现痛苦的描写很多，而这句描写不够突出，但需要思考的是这句是否可以表现出痛苦的心情，在所有人眼中，鹰都是以波浪状、慢慢地从空中落下，一切客观的景物都来自于主观的心情，这状态的确来自于心中的悲伤与痛苦。这一点，在预设中应当考虑到。而在总结时说的"这里的'我'就是作者的代言"的回答似是而非，应当肯定学生的回答，再用一句作结。

生：我找的是这一句："小猎人屈下一条腿，跪在鹰身边，抚摸它的羽毛。他颓然、悲伤。"小战士在打死鹰后十分悲伤与无奈，因为他不想打死这只鹰，但他又想救班长。而且我从这句话中还感受到了作者的悲伤，在这里作者特意改变了对小战士的称呼，不再叫他小战士，而是称呼他为小猎人，作者对他的做法做出了委婉的批评，因为小战士打死了自己心中的鹰。

师：小战士悲痛万分，痛苦矛盾。

生：我找的是第35自然段："传达室的贺老头挥舞着大蒲扇，骂声震天地跑来。"这里体现出贺老头对鹰的喜爱与珍惜是超过其他人的，知道小战士打死了鹰，他很气愤。

师：贺老头把他的痛苦发泄到愤怒、怒骂中。这样的细节还有很多，战士们默默伫立，默默低头，哀悼英雄。我们会发现文章中所有的人都沉浸在深深的痛苦之中。悲剧不仅述说痛苦，还更深刻地揭示了道理。要想读懂作品，就要读懂小战士的痛苦。让我们把目关聚焦到小战士身上，看一看他痛苦的神情、动作。

课件出示：

猎人小战士从远处奔来，神情万分痛苦。他跑起来也是无声无息的，像敏捷的鹿儿。但是他张着嘴，眼光迷乱。

小猎人屈下一条腿，跪在鹰身边，抚摸它的羽毛。他颓然、悲伤。

师：（指一学生）请你给大家读一下。

（学生读。）

师：感谢你将我们带入情境、画面。小战士亲手打死了象征着美好的心中的鹰，美好的生命就坠落在他身旁。望着这只鹰，小战士在想什么？让我们静静地体会文中对小战士神态、动作的描写，走进小战士痛苦的内心，以小战士的口吻对着面前的鹰说几句话。来我们写一写，准备一下。

（学生认真书写，教师巡视。）

师：好，请我们的小战士面对他亲手打死的心中的鹰，说出自己的心声。

生：鹰呀，这只搏击蓝天的鹰呀，你是那么美好的生命，那么神圣的信仰，那么坚强的精神，却死在我的枪口之下。当黑漆漆的枪口对准你时，当子弹射向你时，我的心好像也被击中了，你划破了天际，无声无息。我对不起你呀，鹰！

师：你诉说了小战士的心声，请你再读出小战士的痛苦。

课件出示：

猎人小战士从远处奔来，神情万分痛苦。他跑起来也是无声无息的，像敏捷的鹿儿。但是他张着嘴，眼光迷乱。

小猎人屈下一条腿，跪在鹰身边，抚摸它的羽毛。他颓然、悲伤。

（学生读。）

师：是呀，鹰是美好的象征，是最美好的生命，它象征着——

课件出示：

勇敢自由、执着顽强、拼搏奋进、神圣庄严、倔强刚毅、无所畏惧

（学生读。）

师："他是美好的象征、神圣的象征呀，但是，是我亲手击落了它。"小战士无比痛苦，无声无息地跑来，像个做错事的孩子，眼光迷乱，失魂落魄，跪在鹰的面前，自责忏悔。我们再来听一听小战士的心声。

生：老鹰呀！对不起，对不起！我真的是迫不得已的，我也有自己的苦衷，我不得不用你的生命来换另一个生命的重生，如果有来世，我愿用双倍的代价来偿还你，让你在蓝天中继续翱翔。

师：我们听到了小战士的另一种声音，生命之间的权衡和内心的纠结，为了班长，小战士不得不亲手杀死自己心中的鹰，不得不用他的行为破坏他的追求、他坚守的信仰，这是他最深的痛苦。鹰代表的美好毁灭了，同时，小战士的美好形象也毁灭了，他崇高的品格上涂

抹了浓重的悲哀。一个具有崇拜生命的品格的人蒙尘更能震撼人心。同学们，这就是悲剧，这就是本文的美学价值。让我们带着这种理解，再来读一读这段描写。

课件出示：

猎人小战士从远处奔来，神情万分痛苦。他跑起来也是无声无息的，像敏捷的鹿儿。但是他张着嘴，眼光迷乱。

小猎人屈下一条腿，跪在鹰身边，抚摸它的羽毛。他颓然、悲伤。

（学生读。）

师：带着这种理解，我们再来听听小战士的心声吧。

生：鹰儿，鹰儿，我本不愿意伤害你，你是那样的年轻、美好，就像16岁的花季少年一样，原谅我为了救我们班长伤害了你，他是世界上最好的人，而你是世界上最勇敢、坚强、神圣的鸟，原谅我在你和班长间做出了不公平的选择，我愿意为我的行为付出一切代价。如果可以，我愿意付出自己的生命。

生：鹰儿，万分抱歉，我不是故意要伤害你的，我也是迫不得已，我是为了我们班长，他是世界上最好的人，人的脑子受了伤会留下剧烈的头痛症，只有你才能够挽救我们的班长。对不起，是我杀死了你，让我双倍偿还吧！

师：这是痛苦的心声。同学们，黑格尔说："悲剧就是善的冲突。"人要生存是对自己的善，众生平等是对宇宙的善，小战士为了班长而枪杀了鹰是对战友的善，他痛苦忏悔是对鹰的善，在善的冲突中我们感受到心灵的震颤、痛苦、反思，这就是悲剧的价值，这就是悲剧的力量。这篇文章告诉我们，自然是美好的，生命是美好的，美好是用来珍爱的，美好是用来敬畏的，这是自然法则，更是宇宙法则。鹰，是作者心中的美好和信仰。同学们，请允许我恭恭敬敬地写下这两个

词。（板书：美好、信仰）

师：康德说："有两种事物，我们愈是沉思，愈感到它们的崇高与神圣，愈是增加虔敬与信仰，这就是头上的星空和心中的道德。"同学们，在这个世界上，无论有多么充分的理由，有一种美好，我们不能破坏。

生：有一种美好，我们不能破坏。

师：有一种信仰，一定要去坚守。

生：有一种信仰，一定要去坚守。

五、悲情结束

师：那只鹰，那只心中的鹰，那只象征美好、神圣、信仰的心中的鹰，它正在审视着人类大地，（屏显鹰的图片）在看着我们，伴随着作者深深的担忧与浓重的忧伤。

师：从那以后，我心目中的鹰都被击中了。

生：从那以后，我心目中的鹰都被击中了。它们纷纷坠入雪浪腾空的瀑布，一去不复返。

生：没有鹰的天空，没有庄严，没有音乐。

生：只有长风呼啸、蓝天清澈时，还能听到鼓动羽翼的声音。巨大的、透明的鹰张开翅膀，它的羽毛，它的骨骼，它的爪和嘴，还有它犀利的眼睛！

师：我再也没有见到过飞翔的鹰了。

生：我再也没有见到过飞翔的鹰了。

师生：我再也没有见到过飞翔的鹰了。

师：一篇散文给我们以美好、悲痛、思考、警示，这就是唐敏的散文。

师：好，下课。

【评析】

诗意的课堂　诗意的人生

陈兴宇

海德格尔说:“人应该诗意地栖居。”诗意是什么？当飞鸟翱翔于天际，当鲜花盛开于大地，当人们脸上绽放出微笑，诗意便开始在生活中流淌。于我而言诗意是一种美，是一种崇尚美的精神之光的闪烁，是自由的心灵在广阔世界飞翔时撞击出的美丽火花。诗意的人生就应该是充满“诗意”的言语人生，只要生命存在，诗意就不会消失。诗意的语文则应该是从形象性、人文性、思想性、实践性等各个角度对学生进行生命的陶冶。只有拥有诗意生活的教师才能驾驭诗意的语文课堂。孙鸿飞老师是一位儒雅博学、极善思考、底蕴丰厚的教师，通过《心中的鹰》这一课，给我们展示了他的诗意课堂和诗意人生。

《心中的鹰》是一篇自读课文，记叙了一名小战士为了医治班长的头痛症，竟忍心杀了一只鹰的故事。时间过去了好多年，但老鹰被猎杀的那一幕在作者心中始终挥之不去，且忧伤的感情与日俱增。文章就是撷取了这一情感构思成文的。

面对这样一篇充满感情色彩的散文，我们要给学生一双审美的眼睛，让学生发现文章的美，感悟到“鹰”这个意向的美感和力量，同时还要启迪学生感悟到悲剧的美学力量，这对于初中的学生来说无疑是个难点。

孙老师怀着诗心，在课堂上通过匠心独运的理解和独树一帜的方法，既解决了课堂教学难点又让诗意成为贯穿全课的灵魂。

孙老师是如何在课堂之上用诗意的方式为我们呈现出动人的力量，并让学生为之感动的呢？

概而言之，文本的诗意朗读、主题的诗意解读、课堂节奏的起承转合、师者的诗性言说汇集一堂，呈现出这样一节打动人心的诗意课堂。

书声琅琅，学生清朗的声音贯穿整节课！

上课伊始，孙老师带领学生先来朗读文题，通过重音的变化，让学生体会到鹰在作者心中的美好形象。这为本节课开了个好头！

进而孙老师带领学生走近心中的鹰的形象。他引领学生关注词语，让他们在析词品句中以个性朗读的方式读出属于自己的节奏和感觉，这给学生带来最直接的感知、最震撼的心灵触动！如在“找描写，初识鹰的形象”“品词语，体悟鹰的形象”环节，孙老师提醒学生要在朗读中进行词语比较，在比较中体会作品的精妙之处。

如在学习“许久，身子一斜，听任气流托着它回旋”一句时，让学生以词解词，理解“听任”的意思，想象鹰飞翔的状态，并让学生反复地读。

课堂气氛完全活跃起来，激发了学生朗读的欲望，无形中把学生带入了文本营造的氛围之中！在学生的心中，鹰的形象逐渐鲜活起来！

充分的朗读既是一种节奏的调整，也是一种顺势而为的重点切入。我们不难发现，前面句子的朗读和解读都是为深入挖掘鹰的形象做铺垫，接着孙老师又及时引导学生生发出自己的个性解读，请看课堂片段：

师：读着，品着，鹰的形象越来越清晰，它是一只怎样的鸟？请用一个词概括一下。

生：勇敢的、坚强的。

师：勇敢、坚强，请把这组词写在黑板上。

生：高傲的。

师：神圣而高傲的鸟，请把这组词写在黑板上。

生：非常地骄傲、自豪。

师：这是一只神圣庄严的鸟。

……

（教师在学生写的词语前书写“象征”两个字。）

师：它象征着——

生：勇敢坚强。

生：庄严。

生：勇敢无畏。

生：勇于追求。

生：神圣。

师：它是一种拼搏奋进的力量、一种永不言败的信念、一种无所畏惧的勇气，是作者心中的美好象征。

借助朗读，孙老师带领学生以个人体验和理性思维认知鹰的形象！此设计别具匠心。此外，孙老师请学生板书，看似随意，实则充满匠心。一个又一个表现鹰美好品质的词语跃然黑板之上，学生的眼睛也被鹰的美好品质所照亮，孙老师带我们走近这只美好的鹰，鹰的美好用无数个词语也说不尽。在层层的铺垫和渲染之后，师生的情绪开始变得舒缓，鹰的形象宛若在眼前。

师：但是枪终于响了！半自动步枪和谐清脆的连击。我奔出小木屋，看见鹰以一种波浪状的斜线向地面上慢慢落下来。啊，我心中的鹰落了下来！那象征着勇敢自由的鹰从空中落了下来，那象征着勇敢无畏的鹰从空中落了下来，那象征着神圣庄严的鹰、象征着一切美好的鹰从空中落了下来。

（教师慢慢擦掉黑板上描写鹰的形象的词语。）

一个细节，震撼了全场师生的心！可是，毫无防备地，孙老师擦掉了眼前的一切，也把美好的鹰的形象摔碎在我们面前。继而是30秒的静谧！此时无声胜有声，沉默带给我们的是生命不能承受之重。在这个时间里，我们分明看到了学生脸上的微笑全部凝固了，都难过地低了下头。

这个设计让我们眼前一亮！欲悲先喜，鹰之美美得令人心醉，鹰之毁毁得令人心碎。学生的感情酝酿已至极致，痛心、难过、激愤……于是孙老师因势利导，引领学生深入体会这雄鹰陨落的情感。

师：雄鹰坠地，英雄殒命，你此时的心情如何？

生：非常悲伤，为鹰惋惜。

师：悲伤。你呢？

生：非常痛苦，非常无奈。

师：痛苦。是呀，我心中的鹰呀，我心中的美好啊，如今就这样坠落在我身边。美的事物被毁灭就是悲剧啊！在我们眼前有一双望向蓝天、睁得圆圆的、布满细小的蜂窝状棱面的眼睛，在这清澈、明亮、淡紫色的眼睛里，我们仿佛读懂了鹰的内心，听到了鹰的话语。你从这淡紫色的眼睛里读懂了什么？

生：我从句子"太阳在里面反映出无数亮点，最清澈、最明亮的"中读出它的眼睛是太阳的象征。作者重点描写鹰的眼睛，认为鹰的眼睛很重要。

师：我的问题是你从鹰的眼睛里读出了什么，听到了什么。

生：这里有一句描写"一只眼睛看着蓝天，睁得圆圆的"，我从这句话中读出，鹰对生命的渴望、对自由的渴望。

师：花季生命，不幸夭折，悲哉痛哉！

生：我从它的眼中读出了对生命的渴望，它不想在花季的时候，就这样死去。

师：对生命的眷恋。

生：我读出了鹰的惋惜。它还没有向蓝天冲击，它还没有实现自己的梦想。

师：心有蓝天，壮心不已，壮志未酬，死不瞑目。是呀，美的生命要有美的归宿，“我”属于蓝天，那里才是“我”的家。那淡紫色的眼睛里分明有曾经的回忆、不灭的雄心、英雄的庄严。我心中的鹰呀，你一定想到了那搏击长空、振翩天宇的情景——

（《英雄的赞歌》音乐再次响起，屏幕图片呈灰白色。）

课件出示：

许久，身子一斜，听任气流托着它回旋。

（学生读。）

师：你一定想到了和爸爸、妈妈一起学飞的温馨和美——

课件出示：

爸爸妈妈并排齐肩，后面是儿子。品字形上升，品字形下坠，品字形斜过蓝天。

（学生读。）

师：你一定想到了英雄活要活得精彩，死要死的庄严——

课件出示：

在那里一次又一次，向高高的蓝天冲击，直到竭尽全力。它收拢巨大的翅膀，箭一样扎进瀑布冲泻的深潭。

（学生读。）

在这个环节中，孙老师引导学生聚焦重点段落、重点词语。在整个过程中，孙老师始终站在学生的角度言说，他和学生一起痛心着雄鹰的陨落，一起愤慨着作者的愤慨，一起呐喊着作者的呐喊。“水本无华，相荡乃成涟漪；石本无火，相击始发灵光。”在和谐的教学氛围中，师生与文本之间进行着深刻的对话，最终透过这些理性而平静的文字，触摸到作者那颗滚烫而焦灼的心。

教师要教会学生思考，这对学生来说是一生中最有价值的本钱。孙老师做到了。

此外，我们还深深折服于孙老师对课堂节奏的安排和把握。课堂节奏是一种合于规律的变化，起承转合是一种节奏，有节奏就有气场，有气场就有诗意。

本节课的“起”从朗读文题开始，未成曲调先有情。在朗读题目的过程中奠定了全文的感情基调，学生的思绪迅速聚焦于鹰的高大形象上，为接下来的心灵之旅迈出了第一步。接着激发学生的情感，在析词品句后让学生自然而然地生发出对鹰的崇敬之情。然后掀起波澜，通过板书和擦掉板书的强烈对比，引发学生的思考。思考在深入，情感在浓化，课堂情感一跃上升到巅峰。最后陶冶情操，警示学生要保持对美好信仰的坚守，不要肆无忌惮地破坏美好、诚信、纯粹的东西。雅斯贝尔斯形象地将教师对学生的影响描写为“一棵树摇动另一棵树，一朵云推动另一朵云，一个灵魂唤醒另一个灵魂”。在这样的课堂之上，学生怎能不受到美的感染、智慧的启迪。

诗意的课堂还需要师者的诗性言说。孙老师在课堂上展现出了为人师者的深刻与真诚。他对文本的深度解读总是能给予学生别有洞天之感，能使学生茅塞顿开、豁然开朗。而本课的成功都源于孙老师对主题的独特解读，一反传统分析角度——从小战士做法的正误角度解读，而是从鹰的形象、鹰的悲剧入手解读，没有诗意的生活，怎会有这鲜活的、震撼人心的设计。

课上，孙老师真切的眼神、真挚的话语、真诚的心灵也处处打动着学生。孙老师的一言一行都出自内心真实的感受，所表达的一切都是从心灵深处流溢出来的真实之感，没有矫揉造作、故作姿态，没有为赋新词强说愁的无奈与空洞，有的是自然、真切与和谐之美。只有充满真诚的教学，才能给人以温暖的感觉，才能有感染力与亲和力。

苏霍姆林斯基说：“我一千次地确信：没有一条富有诗意的、感情的和审美的清泉，就不可能有学生全面的智力发展。”相信孙老师教育思想的成熟和完善必将为我们带来更多的精彩！

抓住重点语句，讴歌人性之光①

——《伟大的悲剧》教学实录及评析

师：请一位同学清晰洪亮地为我们领读一下屏幕上的词语。

课件出示：

千辛万苦　风餐露宿　坚持不懈　荒无人迹　疲惫不堪　热情高涨　履行　不禁　战栗　敬畏　禁卫军　冰凌　拽出　粘住　吞噬　销蚀　毁灭　鲁莽　遗孀　厄运

（学生读词语，师订正读音：冰凌、粘住、吞噬。）

师：请全体同学用清晰洪亮的声音再来齐读一下词语。

（学生齐读词语。）

师：我们语文课的基本要求是认真仔细地听，清晰洪亮地说，希望这节课我们也要保持这样的状态。上课。

一、导入

师：本文节选自茨威格的《人类的群星闪耀时》，书中开篇这样写道：

课件出示：

这个世界在20世纪的视野里几乎没有秘密，人们被探索的意志推动着找寻新的方向。几万年以来，极点作为抽象的轴线帮助地球旋转着，它们几乎没有生命存在。探寻地球的真面目，个人勇气和国家间的竞争掺杂在一起，人类竞相将自己国家的国旗第一个插在这块新领域上，

① 这一课是2016年第八届全国名家人文教育高端论坛暨名师课堂研讨会展示课。

以赢得国家的荣誉，民族的尊严，体现个体的价值和理想。这是伟大的时刻，阿蒙森代表挪威，斯科特海军上校代表当时世界实力最强大的英国，向着南极进发！

我们伟大的、悲剧的故事就从这里开始！

【思考】教师手持《人类的群星闪耀时》一书，配合多媒体画面朗读。渲染气氛、激发兴趣、介绍背景、强化探寻南极点的价值和意义、推荐书籍、进入课文主体、起势，一举数得。

二、探究两大主体板块

1. 失败之悲（悲中壮）

师：首先让我们随着屏幕上的图片，一起回到1912年，那104年前的清晨，请一位同学用简洁的语言为我们讲述一下图片中发生的故事。

生：这张图片上呈现出来的是第一个来到南极点的国家挪威，他们已经插上了国旗，而斯科特带领的寻找南极点的英国队伍第二个到达南极点，而且从斯科特的表现可以看出，他们非常失望，因为他们没有取得第一。

师：感谢你的讲述，记叙的要素十分完整，而且详细生动。是的，尽管都到达了南极点，但英国斯科特队比挪威阿蒙森队晚了一个月，在这场国家和个人的南极争夺战中，斯科特失败了，失败的阴影浓重地笼罩在斯科特一行人的心灵上空。

课件出示：

历尽千辛万苦，无尽的痛苦烦恼，风餐露宿——这一切究竟为了什么？还不是为了这些梦想，可现在这些梦想全完了。

师：（指一学生）请你清晰洪亮地读一下这一段话。

（学生清晰洪亮地读。）

师：感谢你，读时融入了自己的感情。这是斯科特当晚的日记，请你体会一下斯科特的心情，揣摩一下他的心理，用斯科特的口吻再来读一下这段话。

（学生充满感情地朗读。）

师：文字渐渐有了温度，有了生命。我们只有这样读文章，才能走进文章，走进人物内心。我想问一下同学们，你们体会到斯科特说这段话的时候内心是一种怎样的感受了吗？说一说。

生：我感觉到斯科特十分失望，甚至绝望，他的梦想全部破碎了。

师：是的，第一个登上南极点，发现地球最后一片未知地，不仅是国家间的竞争，也是斯科特等人的人生理想。为了这一理想，斯科特变卖了家产，离开了妻儿，一行人经过近两年的努力，冒风雪，登冰原，终于在这个清晨，接近了南极点，胜利就在眼前。这是多么激动人心的时刻，读懂了这一时刻，我们就更能体会斯科特等人内心的痛苦。

师：（指一学生）请你清晰洪亮地为我们读一读这一时刻。

课件出示：

焦急的心情把他们早早地从自己的睡袋中拽了出来。到中午，这五个坚持不懈的人已走了14公里。他们热情高涨地行走在荒无人迹的白色雪原上，因为现在再也不可能达不到目的地了，为人类所作的决定性的业绩几乎已经完成。

师：就在这天清晨，就在梦想即将实现的清晨，同时，也是梦想即将破碎的清晨，斯科特一行人热情高涨地行走在白色雪原上，让我们想象一下，我们似乎可以看到他们的神情面容、身影动作，甚至可以听到他们热情高涨的言语交流。你看到了吗？你听到了吗？你能不能把你看到的他们的神态、动作，或者听到的语言为我们描述一下。

生：我看到斯科特一行五人在雪原上奔跑着、跳跃着，他们脸上洋溢着快乐的笑容，嘴里喊着："太好了，我们终于到达南极点了，可以为祖国和我们个人争得荣誉了。"

师：面带笑容，洋溢快乐，这就是热情高涨。你看到了吗？（指一学生）

生：我仿佛看到了他们相互交谈着，脸上挂满了笑容，他们急速前行，用最快的速度跑向极点，心中充满了喜悦。

师：急速前行，奔赴极点，这就是热情高涨。我们似乎还听得到他们热情高涨的交流。你听到了吗？刚才这位同学已经听到了，还有谁听到了？

（学生纷纷举手。）

师：（指几名举手学生）你就是斯科特，你就是威尔逊，你就是鲍尔斯，你就是埃文斯，我就是奥茨。

师：队长，前面就是极点了！

生：（兴奋地）嘿，朋友们，我们终于到达了，我们成功了！

生：（高兴地）马上就要到极点了，我们终于可以完成自己的人生梦想了！

生：（深沉地）这几个月我们的辛苦付出都没有白费呀！

生：（激动地）快了吗，这是真的吗？

师：（热情地）朋友们，冲呀！

师：这就是热情高涨、互相鼓励、热切期望，这就是热情高涨的语言，这就是热情高涨的画面，每个人都坚信——

课件出示：

为人类所作的决定性的业绩几乎已经完成。

（学生齐读。）

师：本以为志在必得，本以为可以第一个揭开地球的未知秘密，本以为可以实现人生的价值和理想。可是，多么遗憾的“本以为”呀！胜利化为幻影，失败已成事实，挪威国旗耀武扬威地在那里猎猎作响。心中越是憧憬自信，面对现实时就越痛苦、悲伤、绝望。

师：让我们带着这种理解再读一读斯科特的这段日记吧。

课件出示：

历尽千辛万苦，无尽的痛苦烦恼，风餐露宿——这一切究竟为了什么？还不是为了这些梦想，可现在这些梦想全完了。

（学生饱含感情地读。）

师：国家重托不复存在，个人梦想破碎飘零，同学们，这就是悲剧，悲剧就是美的破碎。而更有戏剧性的是，斯科特一行人还面临着一项“冷酷无情”的任务。

课件出示：

斯科特接受了这项任务，他要忠实地去履行这一最冷酷无情的职责：在世界面前为另一个人完成的业绩作证，而这一事业正是他自己所热烈追求的。

师：（指一学生）请你清晰、缓慢地读一读这句话。

（学生读。）

师：你能告诉我们，斯科特等人的任务是什么吗？

生：为第一个发现南极点的国家作证。

生：为挪威的哈康国王送信，并向世界证明挪威人是第一个发现南极点的人。

师：为胜利者挪威人作证，证明他们是第一个到达南极点的。这一任务连作者茨威格都认为太过苛刻，太过冷漠，所以他称这项任务为“冷酷无情”的，而且是“最冷酷无情”的。你能理解为什么这项任务对于斯科特等人来说是“最冷酷无情”的吗？

生：第一个到达南极点的人不是斯科特等人，而他们还必须为第一个到达南极点的人去作证，去见证他们的成功，这对第二个到达南极点的人来说是非常残酷的。

师：我的眼角还有泪，我的心还在滴着血，失败了还要为他人作证，无异于伤口撒盐。

生：他们之前认为自己就要成功了，而这个成功却被别的国家夺走，竟还要自己给他们作证——是他们胜利了，这实在是太冷酷无情了。

师：太过冷漠，太过苛刻，失败之痛，作证之痛，痛上加痛，痛何如哉！而斯科特等人的选择是什么？

生：忠实履行。

师：你能理解面对如此“冷酷无情”的任务，斯科特等人选择“忠实履行”的行为吗？

生：我能理解。斯科特等人虽然没能第一个到达南极点，但他们尊重自己的对手，尊重对手也是尊重自己。

师：这是英雄对另一位英雄的敬意和尊重。

生：他们忠实地履行这一任务，是对对手的尊重，对对手成功的认可，这就是我们中国人所说的君子气概、西方的英雄气概，从这一点我们可以看出斯科特等人是英雄。

师：东西方共同的价值理念——诚信是一个人最重要的品质，“人无信不立”，在东方叫“君子风范”，在西方叫“绅士风度”。

生：我认为他们忠实地去履行职责，不仅是对对手的尊重，还是坦然面对失败的表现。

师：坦然面对失败，冷静承认事实，不论内心如何痛苦，也要恪守诚信这一做人的根本。悲剧会带给人们巨大的痛苦，但更重要的是面对痛苦时，每个人的态度和方式。悲剧的全部力量就在于在艰难的抉择面前，我们的主人公在崇高人格的支配下，毅然选择了人格的崇高！面对揭开世界奥秘的勇士，面对痛苦中毅然选择崇高的英雄，我们每个人又怎能不由衷地发出深沉的赞美之情。请同学们拿起手中的笔，让我们以斯科特为五人的代表，以“斯科特先生，我理解您——，我敬佩您——”的句式写几句话，表达你对斯科特一行人忠实履行这一冷酷无情的职责的敬意。

（学生写作，教师巡视，选取优秀作品，并请主动展示的同学诵读自己的作品，配乐《英雄的黎明》。）

师：让我们以崇敬的心情和赞美的语气来依次诵读，表达我们的敬意。

生：斯科特先生，我理解您。您想去实现您的梦想，您想为您的国家去争夺荣誉，虽然您没有成功；我敬佩您，您那强大的内心世界，强烈的集体主义精神，和坚持到最后一刻的高贵品格，您的英雄气概和绅士风度深深地震撼了我。我敬佩您！

师：挚情的声音。

生：斯科特先生，我理解您。您满怀希望为自己的国家争得荣誉，虽然不是第一名，但我仍敬佩您，您具有绅士风度，忠实地履行艰巨甚至无情的任务，这才是真正的英雄！

生：斯科特先生，我理解您。您为了事业放弃了那么多，付出了那么多，到头来却没有成为第一名，这对您来说是残忍的；斯科特先生，我敬佩您，您多么伟大呀，虽然没有第一个到达南极点，但您用实际行动证明了您对对手的尊重！

生：斯科特先生，我理解您。您为了自己国家的荣誉，历尽千辛万苦，虽然最终还是晚了一步，我敬佩您，我要向您致敬！

生：斯科特先生，我理解您。您历尽千辛万苦到达南极点，本想为自己的国家争得荣耀，谁知以阿蒙森为首的挪威队却已到达了南极点；我敬佩您坚持不懈的精神，这令我深深震撼。

生：斯科特先生，我理解您失败的难过、痛苦与绝望，我敬佩您给第一个到达南极点的队伍去送信、去证明事实的勇气！

生：斯科特先生，我理解您不是第一个到达南极点，没有为国家争得荣誉的沮丧心情；我敬佩您，您虽然不是发现南极点的第一人，但还是遵守承诺，为别的国家证明。

生：斯科特先生，我理解您失败后的痛苦、悲伤，以及不是第一个到达南极点的绝望；我敬佩您，您有坚持到最后的高尚品质和尊重对手的心态，您为对手证明的勇气深深地震撼了我。

生：斯科特先生，我理解您，理解您即使失败还要坚持送信证明的行为；我敬佩您，敬佩您那直面失败的坚强和勇气，敬佩您的绅士风度，您是一位伟大的英雄！

生：斯科特先生，我理解您失去梦想的痛苦及内心的失望——历尽千辛万苦，到头来却被别人抢夺了第一；我敬佩您的诚实，君子风范、绅士行为。

生：斯科特先生，我理解您梦想破灭时的痛苦绝望，为他人证明时的忍辱负重；我敬佩您，您勇敢地为对手证明他们的成功，您拥有君子气概！

生：斯科特先生，我理解您，您所做的一切不仅为了自己，也为了国家，尽管失败了，但您在精神上永不言败；我敬佩您高尚的人格，不管在怎样的情况下，您都能坚持自己的信仰、信念和自己的心。

师生合作动情朗读——

课件出示：

这不再是一场极点的角逐和竞争，

而是在困境中对人性崇高的选择，

他们在痛苦的失败面前，

在崇高人格的支配下，

毅然选择了崇高！

致敬！

探险南极的勇士！

致敬！

虽败犹荣的英雄！

2. 死亡之悲（悲中悲）

师：谢谢同学们。探索南极点，是人类探索史上的壮举，面对痛苦的坦然与高贵的人生态度更彰显了斯科特等人的英雄本色。赞美中我们向五位探险英雄表达了我们的崇高敬意，也表达了我们最深切的悼念。

师：归程中风雪淹没了埃文斯、吞噬了奥茨，其余三人最终也被覆盖在南极的冰雪之中。为了人类而探险的五位英雄怀着痛苦的心情返程，以死亡的结局结束，实可谓悲上之悲。让我们一起走近英雄们生命的最后时刻！请一位同学深情地为我们朗读一下这一段。

课件出示：

奥茨突然站起身来，对朋友们说："我要到外边去走走，可能要多待一些时候。"其余的人不禁战栗起来。谁都知道，在这种天气下到外面去走一圈意味着什么。但是谁也不敢说一句阻拦他的话，也没有一个人敢伸出手去向他握别。他们大家只是怀着敬畏的心情感觉到：劳伦斯·奥茨——这个英国皇家禁卫军的骑兵上尉正像一个英雄似的向死神走去。

师：感谢你的深情朗读。是的，就是这个奥茨，就是这个用冻掉了脚趾的脚板行走了几天的奥茨，就是这个向威尔逊要了十片吗啡随时准备结束自己的奥茨，就是这个已经一再要求大家把自己的命运同他们分开的奥茨，在这种天气下要到外面去走走。让我们看看外面的天气，请大家在第 6~10 自然段找出关于天气描写的句子，看看外面是什么样的天气，读一读，说一说。

生：大家看第 9 自然段："清早起来，他们朝外一看，外面是狂吼怒号的暴风雪。"从这句话中我知道外面的风雪是非常大的，在这种天气下出去走是十分危险的。

师：是的，不仅大雪纷飞，而且奇寒无比。南极洲是地球上最高的洲，陆地平均海拔 2 千多米，最高的有 4 千多米，而高出海平面的部分几乎全部被冰雪所覆盖。就是这种天气。

生：请同学们看第 7 自然段，"这里的自然界是冷酷无情的，千万年来积聚的力量能使它像精灵似的召唤来寒冷、冰冻、飞雪、风暴——使用这一切足以毁灭人的法术来对付这五个鲁莽大胆的勇敢者"，从这里可以看出天气十分严寒。

生：我找到的句子在第 6 自然段："天气变得愈来愈恶劣，寒季比平常来得更早。他们鞋底下的白雪由软变硬，结成厚厚的冰凌，踩上去就像踩在三角钉上一样，每走一步都要粘住鞋，刺骨的寒冷吞噬着他们已经疲惫不堪的躯体。"从这里可以看出，白雪已结成冰凌，十分扎脚，好像三角钉一样，他们的脚都已经被冻坏了。

师：如此恶劣的天气，能不能用你们想到的一个四字词语来描述一下。

生：狂风怒吼。

生：天寒地冻。

生：风雪交加。

生：千里冰封。

师：万里雪飘、雪窖冰天、奇寒无比、风夹冰雪，五个人此时饥寒交迫、精疲力竭。在这种天气下，走到外面意味着什么？

生：意味着他准备了结自己的生命，不想拖累自己的伙伴。

师：直接告诉我，意味着什么？

生：意味着死亡。

师：求取生存、畏惧死亡是所有生物的本能。奥茨为什么主动选择走向死亡？

生：因为他们的食物和燃料都已经不够了，他为了让自己的队友活下去，选择面对死亡。

师：他把生存的希望留给同伴，把必死的结果留给了自己。高贵而崇高，悲壮而伟大！在生命的最后一刻，奥茨突然站起身来，对朋友们说——

课件出示：

我要到外边去走走，可能要多待一些时候。

生：我要到外边去走走，可能要多待一些时候。

师：此时，他可以选择对朋友们说轰轰烈烈的豪言壮语——

生：朋友们，永别了，我们来生再见！我们来世再见！

生：啊，朋友们，为了不连累你们，我就要走了。再见了，我的朋友们！

师：但他没有轰轰烈烈、没有豪言壮语、没有情意浓浓、没有生死离别，只是突然站起身来，对朋友们说——

生：（齐）我要到外边去走走，可能要多待一些时候。

师：内心决绝却语句平淡，抱着必死之心而语气轻松，你能理解奥茨为什么这样说吗？

生：他不想让伙伴们伤心，他想让他们都活下去。

师：不仅把生的机会留给了别人，还顾忌别人内心的感受。

生：因为伙伴们都已经很痛苦了——失败的痛苦、队友死亡的痛苦，他不想让他们因为他的死而更加痛苦。

师：把生命置之度外，把必死的结果留给自己，这是人性的高贵，而此时还要顾及别人的感受，这是人性的纯美。其实不仅我们懂得，斯科特等人也懂得。

课件出示：

我们明白，这是一个勇敢的人和一个英国绅士的英勇之举。

他的骑兵团将因他迎接死亡的无畏方式而引以为荣，我们能够体验得到他的英勇无畏。

他是英勇之魂。

——摘自斯科特日记

师：奥茨一步步走出了帐篷，走向怒号的狂风、茫茫的天地之中，他回望帐篷，他可能会想到——

生：他可能会想到他的队友们，心中充满了不舍。

师：奥茨一步步走出了帐篷，走向了抚摸着一切又放弃一切的大自然，他眺望南极点的方向，他可能会想到——

生：他可能会想到他和队友们一起奔赴极点时的兴奋和美好时光，还有他们去南极点路途中的艰辛。

师：奥茨一步步走出了帐篷，走向了既造就了人类又收罗一切的大自然，他的思绪回到了遥远的家乡，他想到了自己的妻子和可爱的孩子。

师：奥茨就这样一步步走出帐篷，走向了死亡，他把生的希望留给队友，把死的结果留给了自己，他走得高贵而惨烈，伟大而悲壮！让我们充满敬意地一起来读一读——

课件出示：

大家只是怀着敬畏的心情感觉到：劳伦斯·奥茨——这个英国皇家禁卫军的骑兵上尉正像一个英雄似的向死神走去。

（师生齐读。）

师：英雄们一步步走向死亡，强健的埃文斯、乐观的鲍尔斯、敬业的威尔逊、英勇的奥茨和他们的队长斯科特，他们有年迈的双亲、可爱的孩子、亲密的爱人。斯科特在这次探险前，拿出自己的财产，吻别了刚出生的孩子，离开了年轻的妻子，为了理想，踏上了南极，却一去不返。在生命的最后一刻，他把最珍贵的日记留给了妻子——

课件出示：

最后一篇日记是他用已经冻伤的手指哆哆嗦嗦写下的愿望："请把这本日记送到我的妻子手中！"但他随后又悲伤地、坚决地划去了"我的妻子"这几个字，在它们上面补写了可怕的"我的遗孀"。

（教师伴随音乐饱含深情地朗读。）

师：同学们，你们能理解斯科特为什么把"我的妻子"改成"我的遗孀"吗？

生：因为他已经意识到，自己就要死了。

生："遗孀"是指死了丈夫的女人。写"我的妻子"时，斯科特还活着，而改写成"我的遗孀"，是因为斯科特清醒地知道，他已经没有活下去的希望了。

师：是的，但"我的遗孀"，准确地说，是个矛盾的说法，"我"还在，“妻子”不可称为“遗孀”，但“我”清楚地知道自己的处境——必死无疑，所以“我”将“我的妻子”称为“我的遗孀”。他和妻子之间，隔着无法避免的死亡！在这人称变换中，包含着斯科特对妻子非常复杂的内心情感，你能体会得到吗？

生：他对妻子有十分浓厚的感情，当时他意识到自己无法逃脱死亡，所以将称呼改为“我的遗孀”。

师：这就是“憔悴一身在，孀雌忆故雄”的挚爱深深。

生：我感受到这个词语所包含的悲伤，他将再也不能见到自己的妻子，而妻子只能被称为“遗孀”了。

师：这就是“双飞难再得，伤我寸心中”的肝肠寸断。

生：我认为斯科特此时感觉自己非常对不起妻子和孩子，他不能陪在孩子身边，也不能陪他长大了

师：只有心思细腻的人才能理解善良的心。是啊，因为“我”，“我”的妻儿从此失去荫护，从此要独自面对风雨，从此不归成万古，空留妻儿怨黄昏，“我”充满无限的歉疚。所有的深爱、不舍、痛苦、歉意都融在这一词语的变换之中了。让我们带着这种理解，深情又心痛地再来读一读这一段吧——

（师生齐读。）

三、悲剧的伟大

师：英雄一个一个走向死亡，茫茫大地，风雪呼啸，英雄殒命，天地同悲，美好毁灭，这就是悲剧。但你能理解为什么在“悲剧”的前面加上“伟大的”吗？

生：“伟大”是在赞美他们团结合作的精神及追求梦想的信念。

师：高贵的品质。

生：他们为国家而牺牲，这种行为很伟大。

生：我认为他们的精神永垂不朽，正如有句话所说“生的伟大，死的光荣”。

生：我认为他们顽强追求的精神是伟大的。

师：对理想的追求、对事业的挚爱、对亲友的深爱、对诚信的坚守，以及舍己为人的无畏，所有这些都是人类最高贵、最崇高的品质，最宝贵的财富。美好、伟大的生命被毁灭，这就是悲剧，每个人都感到深深的痛苦，而越让我们感到痛苦就越证明毁灭的是最美好、最伟大的生命，悲剧不仅带给我们悲伤，更带给我们对美好的憧憬，这就是悲剧的美学价值，这就是悲剧的伟大所在——

（板书：伟大的悲剧。）

师：英雄们用他们的成功和失败、青春和生命带领人类探索未知的世界，这才有了我们一步步对已知世界的本质越来越清晰的认识，这才有了我们一步步对未知世界越来越深入的发现。这个过程有精卫填海一样的坚毅，这个结果有夸父逐日一样的悲壮。

师：让我们用缓慢沉重的语气重读“悲剧”，缅怀五位英勇坚毅的壮士——

（师生读“伟大的悲剧”。）

师：让我们以充满赞美、敬意的语气重读“伟大”，向五位具有崇高精神的英雄致敬——

（学生反复读题目：伟大的悲剧。）

师：英雄殒命，英雄不朽，英国国民哀悼，国王跪下来悼念英雄；南极点被命名为“阿蒙森－斯科特站”；2002 年，英国安妮公主登上南极，悼念斯科特南极探险 90 周年；被誉为世界上写人物传记最好的作家茨威格亲自为其作传并收入《人类的群星闪耀时》。

师：茨威格在文章中向斯科特及其队友们致敬，他这样赞道——

课件出示：

一个人虽然在同不可战胜的厄运的搏斗中毁灭了自己，但他的心灵却因此变得无比高尚。所有这些在一切时代都是最伟大的悲剧。

师：悲剧的伟大就在这里，悲剧在表现对伟大、崇高的人被摧毁的同时，更表现出无法摧毁的人的伟大和崇高。让我们全体起立，大声齐读，向伟大的、崇高的英雄们致敬。

生：（齐）一个人虽然在同不可战胜的厄运的搏斗中毁灭了自己，但他的心灵却因此变得无比高尚。所有这些在一切时代都是最伟大的悲剧。

师：谢谢同学们。一个人类群星闪耀的时刻出现，其对整个人类历史发展的影响远远超过我们的想象，甚至能超越时空。在这本书里，将回顾那些宛若星辰般永远散发光芒、普照暂时黑暗历史夜晚的群星闪耀的时刻。把这几本书送给同学们（送给同学们几本《人类的群星闪耀时》），同学们的表现很精彩！

【评析】

诗意的生命灵魂　自由的率性道场

王　豪

会场上的主持人在孙鸿飞老师的课后说了这样一段话："孙鸿飞老师把哈尔滨的冰融化作了趵突泉的水，汩汩地涌入了每一个人心中，浇灌泉城学子的心。"确实，孙老师的《伟大的悲剧》一课直指灵魂，而且这节课给人的影响是渐进的，是值得反复回味与推敲的，"伟大""悲剧"这两个关键词在本节课中被孙老师诠释得淋漓尽致。整节课不论是从环节的设计、主题的定位、教师的评价语上，还是从孙老师自身的个人魅力上都很难挑出毛病。杨钧曾说："凡面目特异者，其道必小……字之有冬心、板桥，一入樊篱，终无出路……小道数载可成，中庸百年莫尽。"孙老师为人温润如玉，各方面的技术都很均衡，课亦如其人，让人喟然叹曰："仰之弥高，钻之弥坚。"其实这才是一节好课的最佳境界。下面我仅从三个最让我叹服的角度去赏析孙老师的课。

一、链锁式的课堂结构

孙老师的课堂每一个环节都清晰流畅。如把课前检查字词与让学生简要概括课文故事联系起来，又如引导学生以"斯科特先生，我理解您——，我敬佩您——"的句式写几句话，以此来体会文中的"失败之悲"……这样的设计不仅环环相扣，而且具有很强的递进关系，学生可以通过上一环节的内容直接递进到下一环节。这样的手法在此前教学《台阶》《心中的鹰》等课中都有应用。在课堂中，孙老师绝不拖沓，内容丰富却极其精悍，并无冗余的环节可以删减。拿"探究两大主体板块"来说，斯科特一行去探索南极点的失败之悲与奥茨之死的死亡之悲之间虽有共通的情愫，但是细细品鉴两个部分，会发现其内心情感截然不同。斯科特一行人历尽千辛万苦，无尽的痛苦烦恼，风餐露宿——这一切为的就是能成为第一个登上南极点的人，可是当他们到达南极点后不但要面对失败还要忠实地履行对手给的任务——为阿蒙森一行人第一个到达南极点作证。这其实是悲中壮，虽然失败，但是他们在困境中选择了人性的崇高，所以他们是虽败犹荣的勇士和英雄。而在返回的途中，风雪淹没了埃文斯、吞噬了奥茨，其余三人也相继死亡，这五位英雄不但要承担着巨大的精神痛苦，还要面对死亡，这是悲中悲。奥茨像绅士一样默默地消失在风雪中，而队长斯科特最后一篇日记写给了他的遗孀。第二板块的悲剧比第一板块的更加深一层，茫茫大地，风雪呼啸，英雄殒命，天地同悲。学生在学习过程中对“伟大”和“悲剧”的理解更加深入了。

二、直指灵魂的课堂主题

如果把课程结构比作一节好课的四肢，那主题就是灵魂。悲剧之悲不难感受，让学生体会到悲剧为什么伟大，才是这节课的难点。请看孙老师在课堂上与学生的精彩对话：

师：英雄一个一个走向死亡，茫茫大地，风雪呼啸，英雄殒命，天地同悲，美好毁灭，这就是悲剧。但你能理解为什么在“悲剧”的前面加上“伟大的”吗？

生：“伟大”是在赞美他们团结合作的精神及追求梦想的信念。

师：高贵的品质。

生：他们为国家而牺牲，这种行为很伟大。

生：我认为他们的精神永垂不朽，正如有句话所说“生的伟大，死的光荣”。

生：我认为他们顽强追求的精神是伟大的。

师：对理想的追求、对事业的挚爱、对亲友的深爱、对诚信的坚守，以及舍己为人的无畏，所有这些都是人类最高贵、最崇高的品质，最宝贵的财富。美好、伟大的生命被毁灭，这就是悲剧，每个人都感到深深的痛苦，而越让我们感到痛苦就越证明毁灭的是最美好、最伟大的生命，悲剧不仅带给我们悲伤，更带给我们对美好的憧憬，这就是悲剧的美学价值，这就是悲剧的伟大所在——

（板书：伟大的悲剧。）

师：英雄们用他们的成功和失败、青春和生命带领人类探索未知的世界，这才有了我们一步步对已知世界的本质越来越清晰的认识，这才有了我们一步步对未知世界越来越深入的发现。这个过程有精卫填海一样的坚毅，这个结果有夸父逐日一样的悲壮。

只有在悲剧中才能凸显伟大，所以孙老师先讲悲剧，待学生对悲剧有了深入的理解之后，才过渡到对“伟大”的理解。斯科特一行人的伟大之处就体现在他们在极其恶劣的环境中经得起人性的考验。要知道，人性总有两面，在最极端的情况下，人的兽性就会渐渐显露，而斯科特他们却选择了崇高。斯科特他们的选择是很艰难的，但无疑是最闪耀的，体现了人性中最光辉的一面，所以称得上是“伟大”的。孙老师这节课不仅仅讲了“悲”，更浓墨重彩地讲了“伟大”，这个主题是很难想到的，更难在短短一节课上被诠释的淋漓尽致，但孙老师做到了。

三、诗意的评价语，多样的教学手法

孙老师课上的每一句话都是精心雕琢的。在学生回答“在这种天气下，走到外面意味着什么”时，孙老师根据学生的回答，这样评价道：“他把生存的希望留给同伴，把必死的结果留给了自己。高贵而崇高，悲壮而伟大！”认真审视孙老师的课堂教学，我们会发现，这样的评价语很精细而且已经形成一种风格，如果字斟句酌地去看这些评价语的话，会发现非常精彩，更难得的是对课堂环节还具有支撑作用。如在总结学生对“最冷酷无情”的体会时，孙老师说：“太过冷漠，太过苛刻，失败之痛，作证之痛，痛上加痛，痛何如哉！而斯科特等人的选择是什么？”不但高屋建瓴地总结了学生的回答，而且巧妙地引出了下一个环节的问题。又如在学生回答斯科特等人为什么选择“忠实履行”职责这个问题后，孙老师说道：“坦然面对失败，冷静承认事实，

不论内心如何痛苦，也要恪守诚信这一做人的根本。悲剧会带给人们巨大的痛苦，但更重要的是面对痛苦时，每个人的态度和方式。悲剧的全部力量就在于在艰难的抉择面前，我们的主人公在崇高人格的支配下，毅然选择了人格的崇高！面对揭开世界奥秘的勇士，面对痛苦中毅然选择崇高的英雄，我们每个人又怎能不由衷地发出深沉的赞美之情。请同学们拿起手中的笔，让我们以斯科特为五人的代表，以'斯科特先生，我理解您——，我敬佩您——'的句式写几句话，表达你对斯科特一行人忠实履行这一冷酷无情的职责的敬意。"评价语真诚，总结语虽字斟句酌但不露痕迹，名师风范，就在于此。

在课堂教学中，孙老师一丝不苟，可用五个字概括其教学原则：全、深、优、新、真。"全"：目标不遗漏。在教学时，孙老师将朗读与表述相结合，从字词着手，而后进入对情节的探究，进而引导学生体会主题。"深"：学习的目标到位。孙老师对文章主题的挖掘极深，不但引导学生探究了"悲剧"这一主题，更延伸出为什么"伟大"的内涵。"优"：教学方法的选择始终建立在心理学的基础上。教学方法的选择符合学情，调动了学生的积极性，教师上得出彩，学生听得投入。"新"：教学方法新。孙老师借助多媒体进行课堂教学，巧妙使用课堂配乐激发了学生的兴趣；以师生合作的形式进行探究，调动了学生的积极性。"真"：教学内容尽最大可能涉及真实世界，如充分让学生感知南极点的寒冷及体会人物心情，使人有身临其境之感。

王崧舟老师曾经说，一节好的语文课的最高境界就是"人即是课、课即是人……境界越高，课的痕迹越淡，终至无痕。因此，课的最高境界乃是无课"。孙老师在教学时注入了他的生命和灵魂，使得课堂成为自由和率性的道场，唯有用心才能感受。

黄河的儿女　英雄的民族①

——《黄河颂》教学实录及评析

师：同学们好，相见就是缘分，我先自我介绍一下，我是黑龙江省哈尔滨市风华中学的孙鸿飞老师。上课前我想先了解一下同学们，班长在哪里？请你介绍一下你们的班级。

生：我们是七年级（1）班，二十七中。

师：发言时声音要洪亮，吐字要清晰。说一下自己的名字。

生：（声音洪亮）我叫杨畅。

师：好的，好多了。大家要记住：发言时声音要洪亮饱满，吐字要清晰准确。二十七中是一个特别讲究礼节的学校，我们先向今天在场的老师问好，好吗？

（所有学生面向在场老师问好。）

一、导入

师：今天我们将一起学习光未然的现代诗歌《黄河颂》（板书），中国是诗歌的国度，还记得你读的第一首诗是什么吗？

生：《静夜思》。

师：我教我女儿的第一首诗也是《静夜思》，你带着大家一起背一背。

（学生愉快地背诵。）

师：诗背得很准确，声音也很洪亮，如果按照二三字节奏停顿，

① 这一课是2017年第九届全国名家人文教育高端论坛暨名师课堂研讨会展示课。

读起来就更有诗的味道了，“床前 / 明月光”，试一试。

（学生有节奏地背诵。）

师：把握好节奏，就有了诗的味道。诗是可以穿越时空的，一首小诗把我们带回儿童时代。你觉得学习诗的重要方法是什么？

生：我认为是理解诗篇，理解了之后读起来就更加流畅、更加富有感情了。

师：理解熟读，继而成诵。诗写作“詩”（课件出示），这更接近于它的本来面目，“诗”字从言，在汉字中，从言者必开口，譬如“说”“讲”等字。常言道“熟读唐诗三百首，不会吟诗也会吟”。从这个意义上讲，诗即吟诵，吟诵即诗。所以，在本诗的学习中，请学生反复吟诵，把诗读成你我，把你我读成诗。下面就请同学们读一遍这首诗，要读准字音，注意停顿。

（学生自由读诗。）

二、黄河的儿女

1. 见黄河“象”（我观“诗”）

（1）一见黄河（理性所见）

师：同学们读得很认真，老师来明确两个字音，“奔”字读四声，“曲”字读一声。

（学生齐读。）

师：1938 年，诗人光未然随军演出几渡黄河，在特定的历史时刻，黄河触发了其写作灵感，于是创作组诗《黄河大合唱》，一共八个乐章，这是第二乐章《黄河颂》。同学们，你们了解黄河吗？

（课件出示黄河风景图及地理图。）

生：黄河是“几”字形的。

师：你关注了黄河的形状。黄河发源于昆仑山脉南支的巴颜喀拉山，这就是诗中所说的“从昆仑山下”，它像一个巨大的“几”字，流经九省（自治区），注入黄海，就像诗中所说的“奔向黄河之边”。让我们一起用手来感受一下黄河“几”字形的流动。

（师生共同用手来模拟黄河的形状。）

师：让我们轻声地呼唤“黄河”。

（学生边用手模拟黄河形状，边轻声呼唤“黄河”。）

师：好的，对于黄河，你们还了解什么？

生：黄河是我们的母亲河，它哺育了我们中华民族。

师：是的，早在80万年以前，中华民族的祖先就生活在黄河流域，黄河滋养中华文化几千年，这就是诗中所说的——

生：“五千年的古国文化，从你这儿发源。”

生：流经黄土高原后，就变成了一条泥河。它是世界上含沙量最大的河流。

师：黄河全长5000多千米，流域面积约79万平方千米，是中国第二长河，流经九省（自治区），横亘东西，隔开南北。它从雪山发源，颜色是其名称的由来，这就是诗中所说的“黄河滚滚”“浊流”。让我们带着对黄河的初步了解，想象着这条大河，再来读一遍这首诗，要用慢一点儿的速度读，要小声地读，比如“黄河滚滚”（示范），这样读就有味道了。

（学生再读全诗，诵读中渐渐有了情感和味道。）

（2）二见黄河（感性复活）

师：感谢同学们的投入。有谁亲眼见过黄河，或者到壶口瀑布感受过黄河的壮美和雄浑？（学生摇头）那就让我们跟随诗人一起远眺黄河，来感受黄河的磅礴气势。（课件出示第一节）看诗的第一节，哪一句最能让你感受到黄河的雄浑气魄？

生："把中原大地劈成南北两面"这句最能让我感受到黄河的气魄。中原大地广阔，黄河居然把它劈成两面，显得最有气势。

师：如果你把这句话中的动词有力度、有速度地读出来，就更能表现出你说的这种气势。再来试一试。

（学生再读一遍，有些语速、语调的变化。）

师：让我们一边做劈的手势，一边来读一下这句。

（学生边做手势边读，有了情感的味道。）

师：这样读就可以感受到黄河无坚不摧、坚毅果敢的气魄；这样读，诗就有了味道。你从哪一句中感受到这种气魄和力量了？

生：我从"惊涛澎湃，掀起万丈狂澜"感受到了，从这一句我还感受到黄河的坚强。

师：你从这一句中感受到力量，但读出来的是水波微澜、水波荡漾。把这一句中最让你有画面感的词重读、顿读，就可以强调突出，你试试。

生：我从"澎湃"一词中感受到了画面，"惊涛澎湃，掀起万丈狂澜"。（重读"澎湃"）

师：加重语气，注意停顿，就能读出画面感和语境感。"惊涛澎湃，掀起万丈狂澜"。

（教师示范，学生齐读。）

师：同学们在读这一句时，有一个词不知不觉都加重了语气。哪个词？

生："万丈"，这个词是形容黄河的气势的。

师：黄河流至晋陕峡谷，水面由几百米骤然收束至几十米，从数十米的高空垂天而降，犹如"黄河之水天上来"，请你读出万丈的长度。

生：惊涛澎湃，掀起万丈狂澜。（“万丈”一词加重了语气）

（全场鼓掌。）

师：读出了气势，不过还要读出长度，停顿一下，再读。

（教师示范，学生齐读。）

师：这一句的动词“掀起”运用得也特别有味道。

生：“掀起”用得好，黄河的宏伟和震撼全在这个词中。

师：在李白笔下是“黄河之水天上来”，在光未然的笔下黄河是迎天击水，势不可当。“掀起”真是神来之笔，你能不能读出这种力量？

生：惊涛澎湃，掀起万丈狂澜。（读得很有气势）

师：（指一男同学）你一定也能读出这种力量、气魄，注意重读、停顿，表现出语境。

生：惊涛澎湃，掀起万丈狂澜。（有力量，“掀起”一词读的力度不足）

师：所有同学，我们一起读，注意我的手势。

师生：惊涛澎湃，掀起万丈狂澜。（师生同读，在读“掀起”一词时，教师做有力量的掀起动作）

师：诗这样去读，就有了画面，有了温度。诗是热情的火焰，诗是情感的巨浪，诗的更大魅力在于，人通过诗句可以感受到画面。诗是立象而尽意，通过一个个画面来表达诗人的情感，在诗人眼中，文字是有画面、有温度的，画面美是诗的一大特点。下面我们就来品味这句诗，欣赏这幅画。

课件出示：

浊流宛转，结成九曲连环。

师：这句诗最难读，你们先在心里默默读一下，然后告诉大家你从哪个词中读出了画面。

生：这一句中“结成”这个词让我看到了画面，这个词能体现出黄河弯曲，汇在一起，给人很宏阔的感觉。

师：黄河流经九省（自治区），众多支流汇成一条主干河流，凝聚一心，勇往直前。读这个词语时，可以配以什么样的手势或动作？

生：我觉得两手交叉在一起，就是结成。（两手交叉做出结成的动作）

师：为什么你要用这样的手势来表现黄河的“结成”呢？

生：黄河支流众多，要想汇成一条雄伟的大河，就要这样十指相扣，表现它的团结一心。

师：支流汇集，不断壮大，绵延不断，生生不息，这就是团结一心、凝聚力量的黄河。请你带领大家读出这种“结成”的力量。

生：浊流宛转，结成九曲连环。

师：“结成”要重读，读出速度和力量，一起读。

（学生齐读，在读到“结成”时，教师和学生一起做手势。）

师：你还从哪个词语中看到了画面？

生：我从“连环”中读出了画面。黄河的流向是“几”字形的，有多个转弯处，而“连环”正好让我看到了这个画面，这个词要重读。

师：这个词我们要重读，前面的“九曲”我们要缓慢地读。黄河流经九省（自治区），隐约像是我们民族的图腾巨龙，蜿蜒游动，绕山川，过平原。让我们一起用手模拟一下黄河的流向。（全体学生模拟黄河的“几”字形）

师：我们边做手势边读“九曲连环”，注意在“连环”上重读，我们试一下。

（师生一起边做手势边读“九曲连环”，连读两遍。）

师：这样读我们就可以感受到黄河的流向和它的长度。让我们带入手势和脑中产生的画面一起再来读一读这一句。

生：浊流宛转，结成九曲连环。（边读边用手势感受，连读两遍）

师：同学们，诗的魅力就在于给每个人不同的想象。想象赋予画面，给人不同的感受，读时就有不同的节奏、不同的语调、不同的速度。诗是要慢慢读的，要读出它的情感，这首诗要用赞美的语气来读，读出情味。读着读着，我们仿佛看见了这条长河，它就在我们眼前流过。你看到了一条怎样的大河？可以用一个词，也可以用一句话来描述一下。

生：它是条雄伟的长河。

师：雄伟壮阔，惊涛澎湃。

生：它是条坚强的长河。

师：坚强不屈，勇往直前。

生：它是条很有气势的长河。

师：气势磅礴，势不可当。

师：这是一条绵延不断、生生不息的长河；这是一条历经千年，勇往直前的长河；这是我们中国的母亲河，这是中华民族横亘东西的大动脉，这是我们中华民族的象征。你们想看看我们的黄河吗？

生：（十分热切）想看。

师：好，让我们一起走近这条长河。

［播放视频《黄河》。视频中突出“滚滚”“惊涛澎湃，掀起万丈狂澜”“浊流宛转，结成九曲连环”“奔向黄海之边”“把中原大地，劈成南北两面”，配有黄河水流和壶口瀑布的声音，配有文字：黄河全长5000多千米，流域面积约79万平方千米。世界第五大长河，中国第二长河，黄河呈“几”字形，自西向东流经9个省（自治区）。黄河是中华文明最主要的发源地，中国人称其为“母亲河”。壶口瀑布的上游黄河水面宽约300米，在不到500米长的距离内收窄为50米，从20多米高的陡崖上飞流直下，形成“千里黄河一壶收”的气概，是世界

上最大的黄色瀑布。]

师：让我们的眼前继续横亘着这条长河，心里默默地诵读、记忆这节诗，用情去沸腾它，用心去滚烫它。

（学生认真默读，用心记忆。）

2. 二见黄河“意”（“诗”观我）

师：整齐的字数、和谐的韵律、丰富的画面，请读出此时此刻你的感受，喷发出你情感的火焰，读出你眼前那条充满英雄气魄的黄河。

（《黄河颂》音乐响起，全体学生用情诵读。）

师：感谢同学们的诵读，读着读着，这条长河似乎从眼前流进了我们的血脉、我们的体内、我们的精神、我们的魂魄，我们是黄河的儿女（板书：我们是黄河的儿女）。

（学生齐读“我们是黄河的儿女”。）

师：我们是黄河的儿女，我们的身上有黄河一样的雄伟气魄，有黄河一样的精神血脉，我们就是黄河，黄河就是我们。

师：我就是黄河，我从青藏高原源起，一路奔涌向前，一路上风霜雪雨，一路上电闪雷鸣，你觉得我会害怕吗？

生：我觉得不会害怕，因为有强大的精神支撑，黄河壮阔，大家齐心协力，不会害怕。

师：我不会害怕，因为我是壮阔的黄河、英雄的黄河，英雄无畏。

生：我也不会害怕，因为我是惊涛澎湃的黄河，这么有气势，不会害怕。

师：你不会害怕，我也不会害怕，因为我们都是——

（师生齐读“黄河的儿女”。）

师：你是黄河，你奔至晋陕峡谷，水面由宽至窄，面对几十米的高空，你将腾空而下，此时你胆怯吗？

生：我不会胆怯，因为我是黄河的儿女，我是如此坚强的大河的儿女。

师：你会停滞不前吗？

生：我不会停滞不前，因为我是黄河的儿女，我是勇敢无畏的，任何困难都不会把我吓倒。

师：无所畏惧，勇往直前，我们都是黄河的儿女。人生路上犹如黄河奔涌，难免有坎坷、有磨难、有伤心、有挫败，面对生活中的种种阻碍，种种不如意，你会怎么办？

生：我会勇往直前，像黄河一样坚强。

师：不愧是黄河的儿女。

生：我会努力克服困难，让自己更加强大。

师：同学们，你们都是黄河的儿女。1938 年，日本侵略者占领我国的东北、华北大部分地区，越过黄河就要占领全中国，诗人光未然在这个历史背景下用热血之笔写作《黄河大合唱》，冼星海谱曲，全国军民万众一心，高唱黄河之歌，面对中华民族的大灾难，团结一心，众志成城，无所畏惧，勇敢坚强地抗击，保卫黄河，就是保卫全中国。诗是人们心里烧起来的火焰，让我们饱含激情地再来读一读这一节，我读一句，同学们再重复读这一句，听明白了吗？让我们读得浪涛滚滚，让我们读得排山倒海，让我们读得天风海雨，让我们读得电闪雷鸣。

（《黄河颂》音乐起，教师读一句学生读一句，情感饱满，激情飞扬。）

三、英雄的民族

师：同学们在用心用情诵读。托尔斯泰说："诗是人们心里烧起来的火焰。这种火焰燃烧着，发出热，发出光。"我们读得不仅仅是文字，是诗篇，更是我们身上的英雄气魄、黄河精神。我们是黄河的儿女，面对黄河，我们每个人都会发自心底地赞颂。让我们一起走进诗的第二节，请大家细细地读，一边读一边画，哪些文字深深打动了你，哪些文字激发了你对黄河的赞颂之情？

课件出示：

啊！黄河！你是中华民族的摇篮！

五千年的古国文化，从你这儿发源；

多少英雄的故事，在你的身边扮演！//

啊！黄河！你是伟大坚强，

像一个巨人出现在亚洲平原之上，

用你那英雄的体魄筑成我们民族的屏障。//

啊！黄河！你一泻万丈，浩浩荡荡，

向南北两岸伸出千万条铁的臂膀。

我们民族的伟大精神，将要在你的哺育下发扬滋长！//

（学生轻声诵读，边读边画，理性思考，教师巡视交流。）

师：画出打动你的句子后，认真地练读几遍，争取读出你对这个句子的感受和体会。

（学生认真练读。）

师：同学们读得很认真，（指一女同学）请为我们读一读第一小节。

（学生诵读。）

师：声音轻柔，读到“摇篮”，你想到了谁？

生：我想到母亲。

师：把黄河比作摇篮，比作我们的母亲，下面我们以呼唤妈妈的深情，再读一下“啊！黄河！”。

（学生再读，有了情感。）

师：很柔情，再缓慢一些就更深情了，（指另一女同学）你来试一试。

（学生读，文字间充满了深情。）

师：所有女同学，以呼唤母亲的深情来呼唤我们的黄河。

生（女）：啊，黄河！你是中华民族的摇篮。

师：中华上下五千年，从夏到清，大部分朝代的都城都建立在黄河流域，黄河母亲就这样静静地看着孩子们茁壮成长，看着我们的民族发展壮大。她看到黄帝和蚩尤在黄河边酣战，激战连天；看到她聪明的孩子们发明了甲骨文，记录日月星辰；她还看到——

生：她还看到民族的儿女在保卫着我们的祖国。

生：她还看到我们中国56个民族团结一心。

生：她还看到我们中华文化的灿烂辉煌。

师：是呀，这就是诗中所写的——

生：五千年的古国文化，从你儿这发源。

师：她以全部的爱来养育民族儿女，让我们以无限的深情来赞美我们的黄河母亲吧！“啊！黄河！”

（全体女生深情齐读。）

师：深情款款，情意绵绵。好，让我们看看下一小节，找个男同学为我们读一下。

课件出示：

啊！黄河！你是伟大坚强，

像一个巨人出现在亚洲平原之上，

用你那英雄的体魄筑成我们民族的屏障。//

（一位男同学读。）

师：读这一段，你明显有了力量，为什么？

生：因为黄河像一个巨人，在保护着我们的国家，所以必须有力量。

师：在你的心目中，巨人是什么形象，有多高？

生：非常高，高大且强壮。

师：顶天立地，不可战胜。有多强壮？

生：不可被击倒。

师：铜头铁臂，不可匹敌。多有力气？

生：所有东西都搬得起来。

师：填海移山，力大无穷。

师：是啊！这就是我们的巨人，这就是我们的黄河母亲，在五千年的风风雨雨中，她养育着我们，保护着我们。从地理位置来说，黄河是一道军事屏障，黄河精神更是中国人的精神城防，这一小节我们要读出巨人的坚毅和我们对巨人的敬意。哪位男同学来试一试。

（一男同学慷慨诵读。）

师：有了她的保护，我们抵御了多少外族入侵；有了她的保护，我们才绵延了中华民族。一个人的力量不够强大，我们再邀请几个同学一起读，读出黄河英雄的体魄，无限的力量，读出我们对黄河巨人的赞颂之情！

（10 名男同学一起诵读，激情饱满，赢得全场掌声。）

师：打动我的不仅是你们几个人的团结努力，还有你们发自内心的对黄河巨人的赞颂之情！我们的黄河母亲养育、保护着中华儿女，1938 年，我国的东北、华北大部分地区被日本侵略军占领，中华民族岌岌可危。黄河危急，民族危急，假如你就是当时奔赴战场、抗击日军的战士，来到黄河边，你会对黄河母亲说什么？

生：我想对她说，“黄河，你养育了我们，现在你需要我们的保护了，我们一定会战胜敌人，保护好你”。

师：你是黄河的儿女，女战士。（另指一学生）你想说什么？

生：我想对黄河说，“谢谢你，黄河，你保护过我们，我们也要尽最大的努力保护你，保护中华。现在我就要奔赴前线，英勇杀敌了，等着我的好消息”。

师：铮铮铁骨的男子汉。中华儿女万众一心，面对磨难，面对挑战，永不放弃，勇往直前，团结一心，生生不息，我们高唱着保卫黄河，哪怕流血牺牲也要保卫我们的民族，我们的祖国。这就是血脉里滋长发扬着的伟大的黄河精神，我们是黄河的儿女，我们是英雄的民族！（板书：我们是黄河的儿女，我们是英雄的民族！）

师生：我们是黄河的儿女，我们是英雄的民族！

师：让我们读出黄河儿女的骄傲，中华民族的自豪，齐读第三小节！

（学生激情齐读。）

师：让文字流入我们的血脉，流入我们的魂魄，让我们静静地记下这些诗句。

（学生默默背诵、记忆。）

课件出示：

黄河，你是摇篮，你是母亲，你哺育了我。

师：女生读一读这句话，要读出对母亲的深情。

（女生齐诵读。）

课件出示：

黄河，你是坚强，你是巨人，你保护着我。

师：男生读这句话，要读出对巨人的敬意。

（男生齐诵读。）

课件出示：

你是英雄，你是民族，我成了你，你就是我。

师：我们齐读这句话，要读出中国人的骄傲。

（全体齐读。）

师：韵律协美的表达、一咏三叹的呼唤、回环复沓的歌颂，我们的情感也随着反复缠绵地激动、震荡。这就是诗，这就是诗的音乐之美、节奏之美。80年前，光未然、冼星海的一组《黄河大合唱》激发无数军民万众一心抗击外侮，保卫中华，今天我们读到这样的文字仍然激情澎湃，壮心不已。黄河精神激励着中华儿女战胜一个又一个磨难，完成一个又一个挑战，激励着中华儿女实现中华民族伟大复兴的中国梦，让我们来到黄河岸边，轻轻对着我们的黄河母亲诉说，说一说我们今天的新中国。

课件出示：

啊，黄河！

我来到你的身边，

向你轻轻地诉说，

我们今天的新中国！

（学生写作，教师巡视并选出优秀作品进行展示。）

生：我们已不是曾经别人口中的"东亚病夫"，我们是从沉睡中苏醒的东方雄狮，向着黎明的曙光发起雄起的怒吼。

师：少年智则国智，少年强则国强。

生：为了民族的伟大复兴，我们要不断发展，为了实现伟大的中国梦，我们要不断奋斗。啊！黄河，已不再是沉睡的雄狮，而是崛起的新中国！

师：情感的表达，力量的声音！

生：我们已不被外敌侵略，我们国富民强，向世界展示着我们的实力，向世界展示着我们民族伟大而又坚强的精神！

生：我们今天的生活水平已经提高，我们的科技更加发达，您哺育了我们，我们今天已经发展壮大，有了保护您的能力，现在让我们来保护您吧！

师：有志如此，黄河母亲为你骄傲！

生：今天，我们国家富强，人民团结，社会和谐，家庭幸福，已经没有了战争的硝烟。

生：56个民族团结一心，怀着毫不畏惧的勇气，实现了飞天的梦想，有了可以通信万里的手机，人与人之间的距离缩短，大家团结一心过上了小康生活。

生：我们今天的和平富饶都是您的功劳，谢谢您，黄河母亲，我们要向您学习，学习您的伟大坚强！

生：黄河，您看到了吗？在阅兵式上，那一架架飞机在高空飞翔，那是我们的中国，我们的！

师：同学们的诗激情饱满，青春向上。少年志中国梦，黄河魂中国魂，黄河精神激励着中华儿女战胜一个又一个困难，取得一个又一个成绩，中华民族也经历了一个又一个考验，一步一步走向世界强国之林。我们是黄河的儿女，我们是英雄的民族，我们要继承黄河伟大坚强的民族精神，让我们的生命坚韧顽强，让我们的人生精彩有为，担责于国家，绵延于民族。一起读一读我们的铮铮誓言——

课件出示：

我们祖国的英雄儿女，

将要学习你的榜样，

像你一样的伟大坚强！

像你一样的伟大坚强！

（学生激情诵读。）

师：读出我们的自豪，读出我们的骄傲，把诗读成我们，把我们读成诗，再读。

（学生激情诵读。）

师：我们是——

生：（齐）黄河的儿女，英雄的民族！

（掌声四起。）

师：感谢同学们的全情投入，本课学习已结束，我们都还意犹未尽，我想和同学们合作诵读《黄河颂》，我们把这首诗献给黄河，献给我们自己，献给我们台下的老师，好不好？请一位同学读朗诵词部分，哪位同学来？

（学生争先恐后地举手。）

师：（指一名学生）你知道朗诵词的作用吗？

生：是给同学们开一个好头。

师：情感的渲染。还有谁知道有什么作用？

生：为同学做表率，并对下文起统领作用。

师：朗诵词是领诵，是下文内容的提示、引领，也是对下文中情感的渲染，你要好好准备一下，酝酿一下！班长来报幕，包括我们的表演篇目、表演班级、领诵人、指挥人。指挥人就是孙老师。我们准备一下，全体起立，面向台下老师们，统一左手平端诗文，身体挺直，目视前方，要声亮、气足，注意第一节齐读，第一处“啊！黄河！”部分女生齐读，第二个“啊！黄河！”部分男生齐读，第三个“啊！黄河！”我们大家齐读，明白了吗？

（音乐起，教师指挥，学生报幕，全体诵读，播放视频《黄河》，背景音乐《黄河颂》。读毕，全场响起经久不息的掌声。）

【评析】

滚滚黄河水，泱泱中华情

孙彦波

在千里外的济南，听到家乡名师的课内心是澎湃的。孙鸿飞老师这节课真是气势磅礴，有如黄河之水滔滔不绝；用语慷慨，饱含拳拳赤子之情。在这节课上，我的情感既被《黄河颂》这首诗所点燃，又被孙老师举手投足间的师者气度所感染。可以说，这是一节情感炽热、洋溢着生命热情的语文课，更是一首昂扬着无限爱国激情的诗，也正如孙老师所言，课堂上的每一个人都是一首诗。

美国学者威廉·亚瑟·沃德曾说过："平庸的教师在说教，好的教师在解惑，更好的教师在示范，卓越的教师在启迪。"本节课，孙老师始终在启发学生，从情感上激发学生的学习热情，整个教学过程循序渐进、自然流畅，通过朗读一步步引导学生在朗读技巧、情感表达上渐入佳境。

孙老师始终以启发的方式进行教学。首先，孙老师在学生简单的自我介绍后就强调发言时声音要洪亮、吐字要清晰。紧接着用一首《静夜思》将"把握节奏、读清停顿"的诗歌吟诵技巧自然地传递给学生。同时通过引导性提问向学生强调了诗歌的学习技巧——理解熟读，继而成诵。运用"诗"的繁体字强调吟诵的重要性，说服性很强。

强调这些基本技巧之后，开始正式读诗。孙老师通过"早在 80 万年以前，中华民族的祖先就生活在黄河流域，黄河滋养中华文化几千年，这就是诗中所说的——"启发学生说出诗句，调动学生的积极性。

在“二见黄河”这一环节中，孙老师又通过引导性提问引出需要有力度、有速度吟诵的诗句，如“哪一句最能让你感受到黄河的雄浑气魄？”“你从哪一句中感受到这种气魄和力量了？”等等。

引出诗句后，教师又进一步进行朗读指导，逐词讲解。比如，孙老师通过李白的浪漫想象“黄河之水天上来”与作者光未然笔下迎天击水、势不可当的黄河进行对比，带领学生理解诗句“惊涛澎湃，掀起万丈狂澜”，并循序渐进地、详细地解读“澎湃”“掀起”“万丈”三个词语的巧妙运用。

此外，在整个教学过程中孙老师先后几次恰到好处地运用了手势语，将教学内容与有声表述相结合，用感官上的传情达意调动了学生的学习情绪，给学生留下深刻印象。

比如，在讲到黄河的“几”字形状时，孙老师带领学生运用手势模拟黄河的“几”字形状；在讲到“浊流宛转，结成九曲连环”一句时，引导学生运用双手的“结”来表示黄河浊流宛转的“结”，同时引导学生领悟黄河“绵延不断，生生不息，团结一心，凝聚力量”这一伟大精神。

为了让学生形象具体地感受到“把中原大地，劈成南北两面”一句所展现的黄河的磅礴气势，孙老师带领学生一起做“劈”的手势。

在指导“惊涛澎湃，掀起万丈狂澜”一句的诵读时，孙老师还做有力量的掀起动作以指挥学生诵读诗句，将黄河掀起的澎湃之势形象地展现在学生眼前，将本句的神来之笔“掀起”二字展现得淋漓尽致，教学效果显著。

更值得称赞的是孙老师既引导学生掌握诗歌之精髓，又带领学生进行思维训练，在提升学生审美鉴赏能力的同时，又使学生能够发挥想象进行创作。同时，孙老师引入相关历史背景及有关黄河文化的信息，激发学生的爱国情感。

譬如，在带领学生了解了黄河的背景知识以及解析第一节后，孙老师给学生播放关于黄河的视频资料，使学生心中的情感具象化。

“我就是黄河”“你也是黄河”孙老师用第一人称与第二人称，以“诗”观我，更深层地激发了学生的爱国情感。同时，介绍本诗的创作背景，并结合托尔斯泰的名言：“诗是人们心里烧起来的火焰。这种火焰燃烧着，发出热，发出光。”将学生带入全国军民万众一心，无所畏惧，勇敢抗击，保卫黄河，保卫全中国的强烈爱国情感之中。

在讲解第二节时，孙老师直接让学生发挥主体作用，勾画出打动自己的文字，提升学生的审美鉴赏能力。画出句子以后，孙老师又给学生布置任务，让学生认真地练读几遍，读出对这个句子的感受和体会，从而训练学生的语言表达能力。

孙老师从母亲河的视角，以“看到黄帝和蚩尤在黄河边酣战，激战连天；看到她聪明的孩子们发明了甲骨文，记录日月星辰；她还看到——”引导学生创作诗歌，并进行展示。继而孙老师又设计了“假如你就是当时奔赴战场、抗击日军的战士，来到黄河边，你会对黄河母亲说什么？”“让我们来到黄河岸边，轻轻对着我们的黄河母亲诉说，说一说我们今天的新中国。”在这一系列的教学中，学生的想象力得到提高，对诗歌的品鉴能力也得到提升。而且在回答这几个问题的同时，学生感受到诗歌穿越了时空，展现了民族历史，情感血脉里勃发出中华的情怀。

在前面的层层渲染、处处铺垫下，孙老师指导学生进行诗朗诵，伴着气势恢宏的《黄河颂》音乐，配着惊涛澎湃的《黄河》视频，学生们一个个精神抖擞、慷慨激昂、充满感情地演绎了《黄河颂》。

“把课讲成诗”，或许这就是孙老师的精神追求。在这节课上，每一个学生都是诗中的一个章节，在课堂的诗篇中展现出不可替代的生命色彩。同时每一个学生都幻化成黄河里的一朵浪花，都是民族的一分子，在中华民族滚滚向前的奔腾中发挥出自己的力量。是啊！每一个学生、每一个听课教师都通过孙老师的这节课认清了自己的价值，明确了自己的使命——让自己成为民族的未来。

紧抓核心词，体会父母心①

——《父母的心》教学实录及评析

一、题目入文，读“父母的心”

师：让我们一起，恭恭敬敬地读一读题目！

生：（齐）父母的心。

师：声音整齐洪亮，请注意“心”字的读法，我们再读一遍！

生：（齐）父母的心。（重读“心”字）

师：好，谢谢同学们。今天，我们一起走进川端康成的作品，一起品味那父母的心。课堂上最美好的声音就是琅琅书声，首先请同学们按照自己喜欢的方式速读一下文章。在速读的过程中，注意一下屏幕上的字词，并在文中标注。

课件出示：

衣衫褴褛（lán lǚ） 难割（gē）难舍 无精打采 失魂落魄（pò） 痛哭失声

（学生认真阅读文章，教师巡视。）

二、深入文本，品“父母的心”

师：让我们先把屏幕上的词语读一下。

（一学生领读。）

师：哪位同学能用简洁的语言复述一下文章的内容，请尽量用上屏幕上的词语。（对一生）来，试一试。

---

① 2013年，第九届“语文报杯”全国优秀中青年教师课堂教学大赛在长沙隆重召开。本课是作者代表黑龙江省参赛所教课，荣获二等奖。

生：一家六口衣衫褴褛，父母难割难舍地把老大送给了一个有钱人，第二天又无精打采地用老二把老大换了回去，最后又失魂落魄地用三岁的女儿把老二换了回去，后来又痛哭失声地要那个有钱人把孩子还给他们，最后他们一家六口又团聚了。

师：非常好。有条理，言之有序；有内容，言之有物。不仅用上了文中的词语，还把开端、发展、高潮、结局都娓娓道来。用更简洁的语言来概括本文就是，贫困的父母三次送出孩子又三次后悔地换或要回了孩子，我们简单概括就是“三送三悔”。

课件出示：

三送三悔

师：我们一起来读一下这四个字。

生：（齐）三送三悔。

师：我们再一起读一遍，这次读的时候稍稍慢一点儿，看看会有什么发现。

生：（齐）三送三悔。

师：你有没有什么发现？

生：我觉得这对夫妇很纠结。自己很穷，没有经济实力养活四个孩子，但又舍不得送给别人，所以很纠结。

师：你读出的是父母的心情。

生：我觉得是因为他们想让自己的孩子过上幸福的生活。

师：你读出的是父母的希望。看到“三送三悔”情节的安排，我首先疑惑的是父母为什么要把孩子送给别人？送出后又为什么一而再地反悔呢？我们如果没读懂这些问题，就没读懂父母的心。如果想弄明白为什么“悔”，就一定得先读懂为什么“送”？那么请理解了的同学给我们讲一讲，父母为什么送出孩子呢？

生：这个“送”呢，就是父母希望送出一个孩子，解家庭的燃眉之急，使家里的条件稍稍好一点，能够养活其他的人。所以，“送”是出于一种无奈。

生：送出去的孩子会过上好日子，同时家里面又少了一份负担，还可以获得100元来养活剩下的孩子，所以他们送出去一个孩子。

师：请坐，谢谢。无奈之举，送是为了孩子，为了送出的孩子，也为了家中的孩子。父母的心不就是为了孩子吗？这不就是父母的心吗？究其根源就是他们十分贫穷。那么，文章中的哪些信息能表现出这家人的贫穷？

生：那个男人衣衫褴褛，孩子们身上的衣服相当破旧。

师：你关注的是外貌描写，我们一起读一下这段话。

课件出示：

有一位四十岁上下的男人，他衣衫褴褛，那副寒酸相在人群中也十分显眼。……孩子们的长相都很聪明可爱，但是身上的衣服却相当破旧。

师：这段话中哪些词语能让我们直接感受到这一家人的贫穷？

生：衣衫褴褛、寒酸相、相当破旧。

师：谢谢，请坐。“衣衫褴褛”“ 相当破旧”，在众多人之中竟然非常显眼，可以想见衣衫破旧到何等程度。我们把这几个词语重读，再来读一下这句话。

（学生齐读。）

师：这位同学关注外貌描写，还有没有其他信息能表现出这家人的贫穷？

生：“为了孩子们，我一家六口正要去北海道找活儿干呢。”这句话也能表现出来。

生：“像我们这样的穷人，因为有孩子日子就更苦。”这句话说明这家人孩子很多，因而生活更加困窘。

师：关注了语言描写。来，我们一起读一下父亲的语言。

课件出示：

像我们这样的穷人，因为有孩子日子就更苦。说起来怪难为情的，我们已经没有能力抚养这四个孩子了。

（学生齐读。）

师：言为心声，语言是最能表现人物心理活动的，那么，应该用什么样的情感来朗读这句语言描写呢？谁来读一下。

生：（朗读）像我们这样的穷人，因为有孩子日子就更苦。说起来怪难为情的，我们已经没有能力抚养这四个孩子了。

师：请坐。（对一学生）从他的朗读中，你听出了这位父亲怎样的心情？

生：有种淡淡的忧伤。

师：读出了淡淡的忧伤。我们再请一位同学来读一下。

生：（朗读）像我们这样的穷人，因为有孩子日子就更苦。说起来怪难为情的，我们已经没有能力抚养这四个孩子了。

师：你从他的朗读中，听出怎样的心情？

生：悲伤，因为他的语气非常忧伤。

师：这种悲伤从何而来？为什么你读这段话的时候，要表现出父亲的悲伤呢？

生：因为这个父亲说他日子本来就很苦，还要养孩子，现在已经没有能力养这些孩子了。

生：因为孩子给他们带来了更大的负担，他们为了孩子必须努力工作。

师：为了孩子要更努力地工作。贫困父母百事哀，在贫困家庭，作为一个父亲，无力抚养自己的孩子，必然感到悲伤。带着这种悲伤的心情，我们再来读一遍。

生：（齐）像我们这样的穷人，因为有孩子日子就更苦。说起来怪难为情的，我们已经没有能力抚养这四个孩子了。

师：读得不错，带着深深的伤心和无奈。作为父亲，处在这样的生活状态，感到的是什么？是无奈，更是一种很努力，但又无能为力摆脱这种现状的迷茫。每个父母都想让自己的孩子拥有美好、幸福的生活。现在我们可以理解父母为什么送出孩子了。为什么送？

生：因为他们很穷，无力改变现状，所以希望通过将孩子送出去，使孩子们过上更好的生活。

师：是啊，他们太希望孩子有一个美好的未来了，太希望孩子能过上美好的生活了，太希望孩子能摆脱这种生活现状了，所以他们有了一送、二送、三送。但是，我们现在从另一个角度考虑，既然如此，为什么又有一而再、再而三的悔呢？

生：可能是因为他们觉得不能那么自私地把其中一个送出去，而把其他三个孩子留在家里吃苦，同时又对他们不舍，觉得不应该就这样放弃他们。

师：你思维很缜密，表达很充分。我更欣赏你认为的不舍。是舍不得，放不下呀，孩子是父母的心头肉，怎么能舍得送人呢？文章中的哪些词语能表达出这种不舍之情呢？

生：第 8 自然段的“眼含热泪”“ 难割难舍”，第 9 自然段的“无精打采”。

生：还有第 11 自然段的“不好意思”。

生：第 13 自然段的“痛哭失声”。

师：其实同学们刚才已经将一些关键词在文中标注了，我们将情节和词语整合一下。

课件出示：

送大儿子时（眼含热泪、难割难舍）

用二儿子换大儿子时（无精打采）

用三女儿换二儿子时（失魂落魄）

要回三女儿时（痛哭失声）

师：我们合作读一读，（深情地）送大儿子时，他们——

生：（齐）眼含热泪、难割难舍。

师：用二儿子换大儿子时，父亲——

生：（齐）无精打采。

师：用三女儿换二儿子时，母亲——

生：（齐）失魂落魄。

师：要回三女儿时，父母——

生：（齐）痛哭失声。

师：我们再把这些词语读一遍。

生：（齐）眼含热泪、难割难舍、无精打采、失魂落魄、痛哭失声。

师：带着情感，再来读一遍。

生：（大声齐读）眼含热泪、难割难舍、无精打采、失魂落魄、痛哭失声。

师：读着读着，我们似乎有了一种感觉；读着读着，我们的脑中似乎出现了一组组画面。（对一生）你读“难割难舍”这个词语时有什么感觉？

生：读出了父母的不舍和对孩子的爱。

生：感觉父母对孩子很不舍，在考虑该不该把孩子送出去。

师：（对一学生）你有没有被利器割伤的经历？

生：有。

师：割伤了什么部位？

生：一般是指尖。

师：什么样的感觉？

生：感觉非常痛，洗手时会更痛。

师：痛，更痛，这就是难割难舍。你割伤的只是手指，而孩子是父母的心头肉，割的是他们的心。我们的脑中浮现出这样一个个送别的画面——

生：父母和孩子即将分开，父母很痛苦，舍不得孩子走，孩子也因不愿离开父母而哭泣。非常悲伤的画面。

师：哭泣，这就是难割难舍的声音，这就是难割难舍呀！

生：父母互相依靠着，目送着大儿子远去，而大儿子也一步三回头慢慢地向前移动，他们的眼中都含着热泪，他们都很不舍。

师：这就是难割难舍。难割难舍就是父母的心，父母的心就是——

生：（齐）难割难舍。

师：让我们带着这种理解，再来读一下大屏幕上的词语。送走大儿子时，他们——

生：（饱含深情地齐读）眼含热泪、难割难舍。

师：用二儿子换大儿子时，他们——

生：（饱含深情地齐读）无精打采。

师：用三女儿换二儿子时，他们——

生：（饱含深情地齐读）失魂落魄。

师：要回三女儿时，他们——

生：（饱含深情地齐读）痛哭失声。

师：好，读着读着这种感觉就更强烈了，读着读着这个画面就更清晰。（对一学生）失魂落魄是一种什么样的状态？

生：我觉得失魂落魄就是人十分难过时的情景。

生：面容憔悴，眼圈通红，好像哭了一晚上。

师：特别有想象力，特别有心，有心之人才能读懂有情之文。

生：像丢了一件生命中必不可少的东西。

师：他丢的至爱珍宝是什么？

生：他的儿子。

师：是的，孩子不就是父母的魂魄吗？失去了孩子的父母不就像失去了魂魄的躯体吗？眼神如一潭死水，身影如风中残叶。这就是失魂落魄。失魂落魄就是父母的心，父母的心就是——

生：（齐）失魂落魄。

师：好，让我们带着这种感觉，再来读读这些词语。送走大儿子时，他们——

生：（饱含深情地齐读）眼含热泪、难割难舍。

师：用二儿子换大儿子时，他们——

生：（饱含深情地齐读）无精打采。

师：用三女儿换二儿子时，他们——

生：（饱含深情地齐读）失魂落魄。

师：要回三女儿时，他们——

生：（饱含深情地齐读）痛哭失声。

师：好，现在我们似乎理解了父母的心。父母的心就是眼含热泪、难割难舍，父母的心就是——

生：（深情齐答）无精打采。

师：父母的心就是——

生：（深情齐答）失魂落魄。

师：父母的心就是——

生：（深情齐答）痛哭失声。

师：好，这就是父母的心。你理解这父母的心了吗？

（板书：父母的心。）

生：我认为关心孩子，希望孩子健康成长，长大有出息，就是父母的心。

师：是的，这就是在品析“三送”情节后我们的共识，父母太希望孩子过上衣食无忧、幸福美好的生活了，这就是父母的心，爱孩子的心。

生：既希望孩子们远走有出息，又希望孩子们留在自己身边，自己能好好地照顾他们。

师：好，请坐。你真是个有情的孩子（竖拇指称赞）。我们在这里感受到父母的心就是太想让孩子有好的生活，但又实在舍不得。送也难，不送也难，永远的矛盾，永远的纠缠，永远的撕扯，永远的痛苦，这就是父母的心。不仅让我们心痛，更让我们怜悯。

三、言为心声，感“父母的心”

师：很高兴同学们能理解这可怜的父母心，要知道，这是所有父母共同的心声，希望我们能读得出，听得到。让我们再倾听一下他们换孩子时那央求的声音，体会这可怜的父母心，我来跟同学们配合读一下文段。

师：（饱含深情地朗读）当父亲用二儿子换大儿子时，无精打采地说——

课件出示：

昨晚上仔细地想了又想，大儿子嘛，不论怎么穷吧，也是我们家的接班人哪。况且，把老大给别人按次序也不对，如果可能，我们想用老二换下老大。

（一学生低声朗读。）

师：注意体会情感，请坐。（稍顿）我们细细品味，就会感觉这央求的语言似乎不合情理，不够充分。我们继续读，当用三女儿换二儿子时，母亲失魂落魄地说——

课件出示：

简直没法跟您说，今天早晨给您送来的二儿子，从眉眼长相到说话的嗓门，都和我那去世的婆婆一模一样。我就实话跟您说吧，我这心里呀，就像把婆婆扔了一样不好受，再说也对不起我们当家的。况且，他已经五岁了，我觉得他一定会永远地记着我们，想到这儿觉得他可怜得不得了。能不能答应我用这个女孩子把他换下来？

（一学生饱含深情地读。）

师：好，情真意浓。要求换二儿子的理由充分吗？合理吗？怎么每个理由都让我们疑惑。再来看一下，要回三女儿时，父母痛哭失声地说——

课件出示：

本来是不应该这么随便说话的。昨晚上我们两口子本来是商量好，说得一妥百妥，决不留恋孩子啦，可是，正因为她太小，所以总担心她是不是会这样那样啦，结果是我们两口子一夜没睡。把那么个无知的孩子给人家，连我自己都觉得这当爹的太冷酷无情。您给的钱我们如数奉还，请把女儿还给我们吧。

（一学生饱含深情地读。）

师：谢谢，请坐。请同学们细读一下这些语言，他们要回儿女的理由是否充分，符合逻辑？

（学生认真阅读，不时有人小声交流。）

师：有了思考，可以交流交流。

（学生互相交流，教师深入其中，共同交流。）

师：好，现在有些同学已经有了自己的思考，（对一学生）请你来说一说。

生：我认为理由不充分。因为他们送大儿子时说，儿子是老大不应该送；换二儿子时又说，儿子像婆婆；要回小女儿时又说，女儿太小了，这分明是在找借口。正因为父母舍不得让孩子离开自己，所以才会一次次找借口，换回自己的孩子，要回自己的孩子。

师：请坐，谢谢。有情之人才能读懂这有情之文。送走大的孩子，他觉得应该送小的孩子，送走小的孩子又说太小，这些理由自相矛盾，根本不合逻辑，但这不合逻辑的理由恰恰是父母最合适的理由。因为他们背后的语言就是——

生：舍不得。

师：是的，所有的语言都是舍不得的借口，所有的语言都是舍不得的理由，我们要从文本中读出这些内容。读出这可怜的父母心，永远痛苦，永远两难，永远矛盾。作者川端康成很小的时候就失去了父母，他以一波三折的情节、平淡恬静的语言一再地剖析这父母之心，让我们理解和感动，而同时，这更是一个孤儿对这父母之心的期盼和渴望。这篇文章不仅是献给天下所有的父母的，更是送给我们在座的儿女的呀！（充满深情）而这父母的心的更大可怜之处是作为子女的我们，真的很难体会到。其实我们的父母，天下的父母都希望得到儿女的理解，正应了我们常说的一句话——

生：（齐）可怜天下父母心。

（板书：天下。）

师：父母的心就是那样矛盾，那样痛苦，那样纠结，那样两难，但这也正是所有父母的可爱之处、伟大之处，我们生活中似乎经常听到这样的语言——

课件出示：

父母说："你要多吃一些啊！"又说："你可别吃得太多啊！"

师：我们还常听父母说——

生：我爸爸妈妈总是说："你一定要做完了各科作业再睡。"但当我写到太晚时，他们又说："别熬得太晚，早点休息吧。"

生：我爸爸妈妈总是说："男孩子不要掉眼泪。"可当我伤心时，他们又说："想哭就哭出来，别憋着。"

师：这就是父母的心，这就是永远矛盾、永远痛苦、永远两难的敏感又深情的父母的心，这就是可怜的父母的心，怜就是爱，也就是可爱的父母的心！我建议全体起立，让我们共同诵读一首诗。

课件出示：

世间爹妈情最真，泪血溶入儿女身。

殚竭心力终为子，可怜天下父母心。

（师生共同充满深情地朗读。）

师：同学们，希望我们能理解这父母的心，我们终有一天也会成为父母，我们也一样会拥有这父母的心。下课！

【评析】

文字、文章、文化的和谐统一

孟照飞

语文是什么？经过近年来几次学术界的讨论、冲撞、激荡，这一问题似乎"涟漪渐消"。它既是语言、文字、文章，又是思想、精神、生命，这种说法已经基本获得学术界的肯定。有人用文字、文章、文化概括文言文教学的境界，我觉得这一概括适用于所有体裁的语文阅读教学。完美的语文阅读教学应是文字、文章（文学）、文化的完美统一。

基于这种理解，来观照孙鸿飞老师执教的《父母的心》，我认为这节课在追求文字、文章、文化的和谐统一方面进行了难能可贵的尝试。这一设计堪称艺术，也是孙老师执教的这节课的突出亮点。

品题导入后，孙老师引导学生整体把握课文——

在速读的过程中，注意一下屏幕上的字词，并在文中标注。

课件出示：

衣衫褴褛（lán lǚ） 难割（gē）难舍 无精打采 失魂落魄（pò） 痛哭失声

这些词语，是孙老师在文本细读中苦心耕耘的成果，它们既是学生需要认识、积累的新词，又是沉淀着作者川端康成情感的“结点”，还是“烹调”课堂“语文味”的重要而精美的“佐料”。这些词语贯穿教学始终，使得整节课重点突出、思路清晰、三维目标有机整合。

在诵读之后，孙老师巧妙地把这几个词语融入文章中，让学生用简洁的语言复述课文内容，尽量用上屏幕上的词语。

这一设计新奇精巧。既借其完成了字词教学，促使学生复述了故事情节，将本是语言材料的词语放进文本的语境之中，使其由消极的语汇状态变为积极的语汇状态；又借此归纳出小说的主要情节“三送三悔”。字词教学、整体感知、理清脉络、梳理情节就这样不着痕迹地完美地结合在一起。

之后，孙老师以“眼含热泪”“难割难舍”“无精打采”“失魂落魄”“痛哭失声”五个词语贯穿教学始终，不仅成为学生概括故事梗概的线索，也成为触摸人物内心情感和激发学生情感共鸣的切入点。在引导学生品读父母的不舍时，孙老师引导学生紧扣情节和人物描写，反复诵读品味这五个词语，触摸文本的文化内涵——父母的心。一起来回味一下课堂上那催人泪下的师生对话——

师：文章中的哪些词语能表达出这种不舍之情呢？

生：第 8 自然段的“眼含热泪”“ 难割难舍”，第 9 自然段的“无精打采”。

生：还有第 11 自然段的“不好意思”。

生：第 13 自然段的“痛哭失声”。

师：其实同学们刚才已经将一些关键词在文中标注了，我们将情节和词语整合一下。

课件出示：

送大儿子时（眼含热泪、难割难舍）

用二儿子换大儿子时（无精打采）

用三女儿换二儿子时（失魂落魄）

要回三女儿时（痛哭失声）

师：我们合作读一读，（深情地）送大儿子时，他们——

生：（齐）眼含热泪、难割难舍。

师：用二儿子换大儿子时，父亲——

生：（齐）无精打采。

师：用三女儿换二儿子时，母亲——

生：（齐）失魂落魄。

师：要回三女儿时，父母——

生：（齐）痛哭失声。

师：我们再把这些词语读一遍。

生：（齐）眼含热泪、难割难舍、无精打采、失魂落魄、痛哭失声。

师：带着情感，再来读一遍。

生：（大声齐读）眼含热泪、难割难舍、无精打采、失魂落魄、痛哭失声。

在这一环节，孙老师带领学生反复、大声地诵读这四句话，在诵读中感受父母送出孩子时“难割难舍”的剧痛、“失魂落魄”的悲哀……直读得学生热血沸腾。在诵读中，学生体会到了父母的心的深刻内涵：爱子女，爱的矛盾、爱的两难——既想送，又难舍；送是爱，悔也是爱；送亦难，悔亦难——这就是父母的心，这就是“可怜”的父母的心。父母的心令人悲悯、令人震撼、令人痛楚、令人感动，这一环节使课堂笼罩着震撼人心的悲悯氛围。诵读中，学生的情绪在激荡，学生的心灵被震撼，学生的精神在升华——学生的心中积淀了精神的底子。

我认为对“父母的心”的解读——可怜父母心，是这节课的又一亮点——它超越了人们对父母的心就是父母的伟大无私的爱、父母的责任、父母的养育之恩等肤浅的“常规”的理解。其实父母之于子女的那颗爱心，实实在在是“可怜”，本本真真是“可怜”！“可怜天下父母心”，实在是对“父母的心”深刻而贴切的概括。对文本的解读体现着读者的情怀，不多情善思的教师看到写父母的文章很容易滑入庸常理解的层次上——孙老师引导学生对“父母的心”的解读是令人惊喜的。

语文学习的终极目标是热爱民族语言，养育言语生命，打造诗意人生。诗人郑敏说："每个汉字都像一张充满情感向人们诉说着生命的脸。"语文是感性的，因此，语文教学的方式和语文学习的方式也应该是感性的。这一点被孙老师所感知，并正在运用、实践着。我认为感性语文教学是这节课的又一亮点。无论是对词语的解读、对情节的梳理，还是拓展体验、深化主题，孙老师都注意调动学生的生活经历和情感体验，如在探究什么是"难割难舍"时，孙老师问学生有没有被锐器割伤过，由此让学生体会父母送出大儿子后难割难舍的心情。

整个环节，感性郁郁，"随物赋形"，抽象的文字符号开始向生活还原、向生命还原——把词语转化成生活中的某个形象、某个场景、某种感受，学生情感激荡地感知了父母的心。

苏霍姆林斯基说："学习文学的最终目的是形成人的内心世界——道德、修养和美。"我感觉这节课实现了这一目标。

诗意的教育理解

美学看教育

作为教育者，我一直在和周围的人谈教育，身在其中，也经常地思考着教育。把它作为职业吗？安身立命，养家糊口也无可厚非，但这样的选择未免让自己觉得生命的境界太低、生命的意义太无价值、平庸的俗不可耐了。把它作为事业吗？兢兢业业，甘于奉献，淡泊名利，吐丝至死，成灰泪干，这种道德境界着实令人可敬，但这样的人生缺少美感，同样也是一种“俗”。朱光潜先生说：“什么叫做‘俗’？这无非是像蛆钻粪似的求温饱，不能以‘无所为而为’的精神作高尚纯洁的企求，总而言之，‘俗’无非是缺乏美感的修养。”

有困惑就必须上下求索寻求答案，读史学、读文学、读哲学、读美学，读孔孟、读老子、读心经——读书为己不为人，读书作为任何换取的筹码都太过珍贵了，因为这是生命的救赎。

《谈美》是朱光潜先生以书信形式为青年们写的一本美学入门书，学术性和普及性兼备。1932年夏，朱光潜先生漫步在莱茵河畔，思考着“要求人心净化，先要人生美化”，于是从人对待事物的三种态度开始，举重若轻、抽丝剥茧、循循善诱地为我们从艺术和人生的距离、美感特征、美感的欣赏和创造等角度阐述了文学艺术创作方面的美学。这本书共十五篇文章，看似闲庭信步、信手拈来，实则胸有成竹、环环相扣，非有大境界、大胸怀、大视野之人难为难成。这本书读过几遍，这一次我又认认真真拜读了一番，如醍醐灌顶，受益匪浅。一本书可以开启一个世界，而这个世界正是我们每天都经历、都熟悉得不能再熟悉却没有发现的世界。我们常说:“生活中从不缺少美，而是缺少发现美的眼睛。”缺少发现就是发现不了，因为你的眼睛已经被一种认知所蒙蔽，而你在这种罩子里没有能力走出来。换一个角度来看世界，同样的生命就有了不一样的色彩，“山还是山，水还是水”，但在你的眼中山已不再是从前的山，水已不再是从前的水，角度就是高度。

学习朱光潜先生的《谈美》，我开始思考教育教学中的美，进而思考人生中的美，每读一篇我都会写下一篇心得感受，从教育者的境界写起，谈教育者的心态、教育者的移情、教育者的美感、教育者的欣赏、教育者的艺术人生、教育的美、教育的创造，共十五篇。其中大多数观点都是朱光潜先生在文学创作上的美学观点。我认为，文学创作是艺术，教育教学也是艺术，人的生命从某种意义上来讲就是一部文学创作史，那么，从艺术的角度来说，很多地方是相通的。

《谈美》虽没有告诉我们怎样做才能获得艺术美感的人生，但它使我认识到自己该如何看待教育教学,如何看待受教育者,如何看待自身。其实充满美感的世界纯粹是意象世界，这样的世界在现代人看来是无价值的，没有实际功利来得实在而具体。现代社会讲求高效，任何事都要有法可依、有章可循，任何事都要讲求方式、方法，我认为方向重于速度，思想大于方法，有时我们可能粗拙一些，愚笨一点，但我们只要顺着正确的路向前走，就一定能够看到诗和远方的田野。

《谈美》这本书帮助我走出迷路，我写下的十五篇心得就是我走出迷路的途径。

“悠悠的过去只是一片漆黑的天空，我们所以还能认识出来这漆黑的天空者，全赖思想家和艺术家所散布的几点星光。朋友，让我们珍重这几点星光！让我们也努力散布几点星光去照耀那和过去一般漆黑的未来！”

教师的境界

朱光潜先生在《谈美》一书的《我们对于一棵古松的三种态度——实用的、科学的、美感的》一文中指出："同是一件事物，看法有多种，所看出来的现象也就有多种。""知觉不完全是客观的，各人所见到的物的形象都带有几分主观的色彩。"

朱先生认为，一个人对待事物可分为三种态度：实用的态度、科学的态度和美感的态度，由此我想到我们作为教师对于职业的态度，不同的态度决定了教师对待事物的方法，决定了教师的境界。

特级教师王崧舟曾经说过："不管你是否意识到，每个语文教师的教学实践都在有意无意地对语文是什么做着属于他自己的诠释和演绎。"同理，作为一名教师，无论你是否意识到，你的教学实践，甚至你的生活实践都在有意无意地诠释、演绎着自己对职业的态度。

先说实用的态度。朱先生认为："实用的态度起于实用的知觉，实用的知觉起于经验。""所谓'知觉'，就是感官接触某种人或物时心里明了他的意义。明了他的意义起初都只是明了他的实用。明了实用之后，才可以对他起反应动作，或是爱他，或是恶他，或是求他，或是拒他。"那么"教师"这一职业对于教师有什么意义呢？首先的意义是维持生活，做人的第一件大事就是维持生活。将"教师"这一职业定义为生活的工具，从马斯洛的需求层次理论看是完全合理的。生存需要是人们最原始、最基本的需要。这一境界在王崧舟老师的"教师的境界"中定义为"功利境界"，著名哲学家冯友兰在《人生的境界》一文中也谈到了“功利境界”，这无可厚非。但“实用的态度”还不仅满足于人的物质需要，即衣食住行。对于人生和职业，社会属性的人还明了他的意义在于对社会的价值，即服务与奉献，所以持“实用的态度”的教师还会达到职业的另一层境界“道德境界”，达此状态和境界的教师可谓兢兢业业、任劳任怨、甘为人梯、认真负责，这样的教师更被学生、家长、学校、社会所认可和尊重。

科学的态度则不然。朱先生解释，科学的态度“纯粹是客观的，理论的。所谓客观的态度就是把自己的成见和情感完全丢开，专以‘无所为而为’的精神去探求真理”。拥有这种态度的教师，当然就是少部分钻研型的教师了，他们在教学过程中进行科学理论及教学实践的研究，对教学的目的、意义及学科的特点、价值进行深入学习，在学生观、教师观、教学观中有自我思考，并将其落实到自己的课堂实践中，从而获得研究实践的乐趣。

以语文教学为例，关于语文教学的“工具性”和“人文性”之争历来说法不一。教育家杜威曾经积极倡导的“工具主义”对叶圣陶先生和中国近现代的语文教育观的形成产生了重要影响。叶圣陶先生多次提出语文是一种工具的看法。最初提出人文性的是陈钟梁先生，他在《语文学习》杂志 1987 年第 8 期上发表文章《是人文主义，还是科学主义——语文教学的哲学思考》，提出语文教学应当是将两种思维方式统一的观点。韩军先生 1993 年发表《限制科学主义 张扬人文精神——关于中国现代语文教学的思考》一文，旗帜鲜明地表明了抑科学扬人文的思想，并把矛头指向了工具论。他说，语文教学是一门社会科学，人文精神是它的基本属性。语文教学不是一种外在于人的客体而是主体，不仅仅是“器”“用”，还是“道”“体”。20 世纪 90 年代后期，在语文教育的大讨论中，很多文章聚焦在“人文教育”上，批评人文精神的失落，呼吁语文教育应该注重人文关怀。语文新课标指出："语言文字是人类最重要的交际工具和信息载体，是人类文化的重要组成部分。""工具性与人文性的统一，是语文课程的基本特点。"强调语文学科是工具性和人文性的统一。语文教师要通过自己对语文学科的理解、思考、判断来指导自己的语文教学，从而从日常的教学实践中推理、论证、分析、归纳、证明自身观点的正确性，形成自己的教育教学新观点。这是在理念、观念层面上的科学的态度。再具体一些就是，教师要在学习教育名家的具体观点和具体课堂教学后，在自己的课堂上进行实践，从而形成自己的价值判断和教学风格。

科学的态度之中很少有情感和意志，它最重要的心理活动是抽象的思考，如同科学家一般，要在这个混乱的世界中寻出事物的关系和条理。

朱先生说："在实用的态度中和科学的态度中，所得到的事物的意象都不是独立的、绝缘的，观者的注意力都不是专注在所观事物本身上面的。注意力的集中，意象的孤立绝缘，便是美感的态度的最大特点。"

持美感的态度来面对生活，不计较实用，所以心中没有意志和欲念；不推求关系、条理、因果等，所以不用抽象的思考。这种褪净了意志和抽象思考的心理活动叫作"直觉"，直觉所见到的孤立绝缘的意象叫作"形象"。

美感经验就是形象的直觉，美就是事物呈现形象于直觉时的特质。

实用的态度以善为最高目的，如教师的道德境界；科学的态度以真为最高目的，如教师的科学境界；美感的态度以美为最高目的。真善美都是人所定的价值，不是事物所本有的特质，所以真善美都含有若干主观的成分。

朱先生认为："人性中本有饮食欲，渴而无所饮，饥而无所食，固然是一种缺乏；人性中本有求知欲而没有科学的活动，本有美的嗜好而没有美感的活动，也未始不是一种缺乏。真和美的需要也是人生中的一种饥渴——精神上的饥渴。疾病衰老的身体才没有口腹的饥渴。同理，你遇到一个没有精神上的饥渴的人或民族，你可以断定他的心灵已到了疾病衰老的状态。人所以异于其他动物的就是于饮食男女之外还有更高尚的企求，美就是其中之一……我们可以说，美是事物的最有价值的一面，美感的经验是人生中最有价值的一面。”

用这种美感的态度来观照教师职业，则又有了不同的视角和境界。用这种态度来教学，就如同王崧舟老师所描绘的生命境界：“在这样一段时间中，我会迎来又一次生命与生命的交流，生命与生命的沟通，生命与生命的美丽邂逅！我支付的是生命，结缘的是生命，最后收获的还是生命。在生命境界中，你会对自己的每一个当下、每一个时刻负起责任。”用美感的态度来对待教师职业，你看到的不是作为职业给自己带来的维持生活的物质利益，不是学生的成绩名次、前途发展，也不是科学理论、方法实践，而是活生生的生命本体，是一个生命体存在的美好状态，是一种脱净了意志和抽象思考的形象、一种形象的直觉。所以，你对待生命的态度是符合生命发生、发展的必然规律的，是对一个生命存在的珍视与尊重，更是对一个生命存在的美好的欣赏和憧憬。

朱先生在文章结尾这样写道：“悠悠的过去只是一片漆黑的天空，我们所以还能认识出来这漆黑的天空者，全赖思想家和艺术家所散布的几点星光。朋友，让我们珍重这几点星光！让我们也努力散布几点星光去照耀那和过去一般漆黑的未来！”

朋友，让我们也珍重这几点星光，它照亮了人类的漆黑天空，更照亮了我们的教育的生命之路，让我们也努力地散布几点星光吧，去照耀更多教师的前行之路！

——读《我们对于一棵古松的三种态度——实用的、科学的、美的》有感

教师的心态

在现实生活中，我们常常会听到这样的声音：如果我不做教师，我一定会如何如何，我的生活现状一定会怎样怎样；如果我当初如何如何做，现在我的工作和生活状态必将怎样怎样；我曾经比谁还如何，将来也必定比谁怎么样。在教育教学中，也常听到这样的比较：这一届学生比上一届学生如何如何，下一届一定会如何如何；等等。为什么我们总是对过去有无限的怀念、有无限的憧憬和期盼？

在实际生活中，类似这样的经历和感受更直接和真切。朱光潜先生举例："同是一棵树，看它的正身本极平凡，看它的倒影却带有几分另一世界的色彩。""本来是习见不以为奇的东西，让雾、雪、月盖上一层白纱，便见得很美丽。""种田人常羡慕读书人，读书人也常羡慕种田人。竹篱瓜架旁的黄粱浊酒和朱门大厦中的山珍海鲜，在旁观者所看出来的滋味都比当局者亲口尝出来的好。"

俄国诗人普希金在《假如生活欺骗了你》中说"一切都是瞬息，一切都会过去；而那过去了的，就会成为亲切的怀恋"。说的也是这样的道理，本来是很辛酸的遭遇到后来往往变成很甜美的回忆。

这些经验和现象是什么缘故呢？

朱先生认为："看倒影，看过去，看旁人的境遇，看稀奇的景物，都好比站在陆地上远看海雾，不受实际的切身的利害牵绊，能安闲自在地玩味目前美妙的景致。看正身，看现在，看自己的境遇，看习见的景物，都好比乘海船遇着海雾，只知它妨碍呼吸，只嫌它耽误程期，预兆危险，没有心思去玩味它的美妙。持实用的态度看事物，它们都只是实际生活的工具或障碍物，都只能引起欲念或嫌恶。要见出事物本身的美，我们一定要从实用世界跳开，以‘无所为而为’的精神欣赏它们本身的形象。”

总而言之，美和实际人生有一个距离，要见出事物本身的美，须把它摆在适当的距离之外去看。

这样我们就不难理解了。倒影、过去、旁人的境遇，我们都可以站在一个欣赏者而非一个参与者的角度来欣赏看待。以一种直觉的欣赏、美感的态度来看待自然就可以看出事物本身的美，对于稀奇的事物和崭新的环境，我们还没有认识到其实用的意义，还没有将其变成实用的工具，也同样可以看出事物本身的美。

同样，作为教师为什么总会回想自己的过去，并向往未来；为什么有一种优秀的学生叫“上一届”，有一种期待叫“下一届”；为什么调皮的学生毕业后再和老师相聚，能彼此快乐地谈论当时不合适的言行；为什么我们很难对自己的工作、生活现状满意；为什么对自己现阶段所进行的教育教学没有美好的感觉；为什么总期盼一个阶段的结束，盼望着学生毕业……凡此种种，我们也就不难理解了。

因为我们身处其中，作为实践者、参与者、局中者来看待自己的现状和所处的环境，“迫于实际生活的需要，都把利害认得太真，不能站在适当的距离之外去看人生世相，于是这丰富华严的世界，除了可效用于饮食男女的营求之外，便无其他意义”。任何一件事，哪怕是此时惹人嫌恶的事情，如果你把它推远一点看，放在生命的长河里，便不是特别重要、无法逾越的鸿沟，而且往往可以成为很美的意象。

比如陶渊明的诗：“种豆南山下，草盛豆苗稀。晨兴理荒秽，带月荷锄归。道狭草木长，夕露沾我衣。衣沾不足惜，但使愿无违。”我们从诗中看到的是，月下，诗人肩扛锄头，穿行在齐腰深的草丛里，这是一幅多么美好的月夜归耕图啊！而诗人辞官归田，读书人不擅农桑，种豆荒芜，草盛苗稀，家中妻儿待养，此中滋味，可谓苦不堪言。晚年陶渊明有《乞食》一诗：“饥来驱我去，不知竟何之。行行至斯里，叩门拙言辞。”家中饥贫，乞食照顾家人，读书之人此时口笨舌拙，难以启齿。如此生活现状、生命境遇，身在其中，何美可言？而艺术家和诗人的伟大之处也尽在于此，他们能跳开利害的局限，只聚精会神地观赏事物本身的形象。他们能从实际生活的牵绊中解放出来，作为一个欣赏者，跳出事物本身来看待自己，使自己的现实世界与自己的欣赏角度有适当的距离，从而产生美感。

朱先生的总结很深刻：“艺术家在写切身的情感时，都不能同时在这种情感中过活，必定把它加以客观化，必定由站在主位的尝受者退为站在客位的观赏者。一般人不能把切身的经验放在一种距离以外去看，所以情感尽管深刻，经验尽管丰富，终不能创造艺术。”

教育教学又何尝不是一种艺术，教师的心态又何尝不应该成为一种艺术家的心态。将自己的生命价值和教育教学生命放在时间的长河中，以客位的观赏者的心态替换主位的尝受者，那么现实世界的工作和生活如何不充满美感。如果我们不能这样来看自己的生活和工作，那么，即使情感深刻、经验丰富，也不能创造艺术的生命，不能创造艺术的教育。

——读《当局者迷，旁观者清——艺术和实际人生的距离》有感

教师的移情

移情作用是指根据自己的经验来了解外物，把自己的情感移到外物身上去，仿佛觉得外物也有同样的情感。

朱光潜先生这样描述到："云何尝能飞？泉何尝能跃？我们却常说云飞泉跃；山何尝能鸣？谷何尝能应？我们却常说山鸣谷应。""自己在欢喜时，大地山河都在扬眉带笑；自己在悲伤时，风云花鸟都在叹气凝愁。惜别时蜡烛可以垂泪，兴到时青山亦觉点头。柳絮有时'轻狂'，晚峰有时'清苦'。陶渊明何以爱菊呢？因为他在傲霜残枝中见出孤臣的劲节；林和靖何以爱梅呢？因为他在暗香疏影中见出隐者的高标。"

其实我们每个人都只能直接地了解自己，都只能知道自己处某种境地、有某种知觉、生某种情感。至于知道旁人旁物处某种境地、有某种知觉、生某种情感时，则是凭自己的经验推测出来的。

《庄子·秋水》中有一则大家比较熟悉的故事：

庄子与惠子游于濠梁之上。庄子曰："鲦鱼出游从容，是鱼之乐也！"惠子曰："子非鱼，安知鱼之乐？"庄子曰："子非我，安知我不知鱼之乐？"

庄子看到鱼在水中自由游弋，他以自己出游的知觉、情感推测此时此刻的鱼也是自由快乐的。我们只知道自己，我们知道旁人旁物时是把旁人旁物看成自己，或是把自己推到旁人旁物的位置。这种推己及物、感同身受的心理活动就叫作"移情"。

教师作为教育工作者，自身的这种移情有着积极的方面。

学生作为未成年人，思想意识不够成熟，生活经验不够丰富，社会阅历匮乏。教师要移情，以自己的人生体验、生活阅历、工作经验来看待学生此时的学习、生活、表现等，以此来推断学生此时的思想、意识、变化、心理等，从而对学生进行必要的教育、引导。

当然，这种心理活动不尽是出于科学的、理智的。正如惠子所问："子非鱼，安知鱼之乐？"庄子所答："子非我，安知我不知鱼之乐？"庄子不是鱼，惠子不是庄子，每个人都将自己的心境投射到外物身上，而外物是否和自己的心境相同？"泪眼问花"，花是否伤悲？"我看青山妩媚"，青山看我是否"应如是"？那么，这种感觉就未必科学、严谨和准确。所以，这种移情作用也成为一种局限，桎梏着每个人的思维和判断。

眼见总是为实吧，但其实每个人的眼都已是自己心灵固化的眼，即以"知觉"看世界，所谓"知觉"，就是感官接触某种人或物时心里明了他的意义。也就是说，每个人眼睛所见到的东西其实都是自己心灵想看到的东西，从这个角度上来说，眼睛见到的事物未必是真实的，你所见到的真实，只是事实的一部分，而且只是你心中的真实。

《吕氏春秋》里有一个小故事，很能说明这个问题。

孔子穷乎陈蔡之间，藜羹不糂，七日不尝粒，昼寝。颜回索米，得而爨之。几熟，孔子望见颜回攫取其甑中而食之。选间，食熟，谒孔子而进食。孔子佯为不见之。孔子起曰："今者梦见先君，食洁而后馈。"颜回对曰："不可。向者煤炱入甑中，弃食不祥，回攫而饭之。"孔子叹曰："所信者，目也，而目犹不可信；所恃者，心也，而心犹不足恃。弟子记之，知人固不易也！"（译文：孔子在陈国和蔡国之间的地方被困，断了粮食，七天没吃过一粒米，白天也只好躺在床上。颜回设法讨了点米回来后煮饭。快要熟了时，孔子看见颜回用手抓锅里的饭吃。一会儿，饭熟了，颜回请孔子吃饭，孔子假装没看见颜回抓饭吃的事情。孔子起身说："刚刚梦见过世的老父亲来找饭吃，但要洁净才能上供。"颜回赶忙说："不行，刚刚炭灰飘进了锅里弄脏了米饭，丢掉又不好，我就把那一撮饭抓来吃了。"孔子感慨道："按说应该相信眼睛看见的，但现在看来，眼睛看到的也不一定可信；人所依靠的是心，但现在看来，心里所想的也不完全可靠。你们记住：要真正了解一个人实在不容易啊。"）由此可见，"知觉"的判断带有个人的主观色彩，未必真实，难免主观和武断。

同样，在这一点上，经验丰富的教师和刚刚走上教育工作岗位的教师都会有局限的"知觉"判断，前者囿于自己的工作经历，后者限于自己的成长状态；前者以大部分的教育群体经验来指导个别的教育个体，后者以自己的成长故事来影响教育群体；前者经常挂在嘴边的是"我以前的学生……"，后者说出来的话总是"我上学时……"，这恐怕就是移情作用所带来的负面影响，但又是实实在在存在于教育教学中的现象。

谈及现实的移情作用对教育工作者及教育教学工作的作用和影响，就美学观点而言，朱先生说，美感经验常含有移情作用，美感经验中的移情作用是由我及物的。以此而言，教育中美感经验的移情作用也必是由教师自发自觉产生的，也就是说，教师只有培养自身的修养、境界、品位、情趣，提升自己的美感直觉、人生智慧，才可获得更多美感。

朱先生又强调："美感经验中的移情作用不单是由我及物的，同时也是由物及我的；它不仅把我的性格和情感移注于物，同时也把物的姿态吸收于我。所谓美感经验，其实不过是在聚精会神之中，我的情趣和物的情趣往复回流而已。”

在这一点上，教育的对象又不可等同于自然界中的物，但教育的对象又的的确确属于自然万物之中的，那么，美感经验在此似乎也可以通用。教师在移情于学生的过程中，又在相互理解、交流沟通中对学生有了更近一步的认识，甚至学生身上难能可贵的美好也会反作用于教师，从而实现教学相长、相互促进。亦或是教师在教育教学行为中切身感受到教育之道对自己人生之道的指引，从而更笃信、更坚定，这是一件充满美感而幸福无比的事。

朱先生总结说：“美感经验的直接目的虽不在陶冶性情，而却有陶冶性情的功效。心里印着美的意象，常受美的意象浸润，自然也可以少存些浊念。”的确，作为教师，我们心里印着美的意象，用美的直觉来欣赏学生，用美的意象、美的直觉来浸润自身，心境自然会越来越舒朗，目光自然会越来越柔和，美好的感觉自然会越来越明晰！

——读《子非鱼，安知鱼之乐——宇宙的人情化》有感

教师的美感（一）

我们大部分人所认同的美，在通常情况下，就是指“好看”，如看见一朵颜色鲜艳的花，你会称赞它“美”；见到一位容貌姣好的年轻女子，你会称赞她“美”。美的事物令人愉悦和快乐，这种感觉不是“美感”，可称为“快感”。

美感和快感究竟有什么分别呢？朱光潜先生告诉我们：“美感与实用活动无关，而快感则起于实际要求的满足。”饱食暖衣、美酒豪宅都能引起人的快感。19世纪英国学者罗斯金，著书几十册谈建筑和图画，他曾经很坦白地告诉人说：“我从来没有看见过一座希腊女神雕像，有一位血色鲜丽的英国姑娘的一半美。”英国姑娘的“美”和希腊女神雕像的“美”显然是两件事，一个是只能引起快感的，一个是只能引起美感的。

那么“美感是什么”？它具备以下两个要素。

一是目前意象和实际人生之中有一种适当的距离，我们只观赏这种孤立绝缘的意象，是种直觉的欣赏。二是在观赏这种意象时，我们于无意之中以我的情趣移注于物，以物的姿态移注于我，是人的情趣和物的姿态的往复回流。

由此我们可以判定，实用活动、实际要求的满足只能引起人们的快感，而不是美感。“美感经验的特点在‘无所为而为’地观赏形象。在创造或欣赏的一刹那中，我们不能仍然在所表现的情感里过活，一定要站在客位把这种情感当一幅意象去观赏。”正如陶渊明在“种豆南山”“草盛豆稀”之时，可以见到自己“戴月荷锄”“夕露沾衣”的美好画面。

而在饱食暖衣、美酒豪宅中，这种实际需要的满足距离我们的人生太近了，它带给我们的是实用的愉快感觉，即快感，而非美感。

在教育教学中，我们大多产生的是满足实际要求的快感，这种愉快的感觉出现在教师和学生交流后，学生能够意识到自己的问题并态度诚恳地改正时；这种愉快的感觉出现在学生的成绩提高，我们手中拿着成绩表进行分析时；这种愉快的感觉出现在自习课上学生遵守纪律、大型活动中学生表现精彩时；这种愉快的感觉出现在……这种愉快的感觉并不是一种美感，在这一刹那中，我们仍然沉浸在自己的情感里，而不能站在客位把这种情感当作意象去观赏。因其如此，这种愉快的感觉就只能是暂时的，而不是恒久的，在学生改正问题态度不够诚恳时、成绩下降时、学习纪律涣散时、表演失败时……这种愉快的感觉就会消失。

而美感则不然，我们对一个事物欣赏的兴趣愈大，就愈不觉得自己是在欣赏它，愈不觉得所生的感觉是愉快。美感所伴的快感，在当时不易被察觉，过后才回忆起来，而且引起美感的事物并不是使每个人都感觉到愉悦，如同样在烈日寒风之中耕作，农人只感到辛苦，而读陶渊明的诗，感觉那是理想的生活。

这就需要我们以美感的态度来看待我们今天的工作和生活，即使遇到坎坷，经历磨难，但坚信“一切都是瞬息，一切都会过去；而那过去了的，就会成为亲切的怀恋”。站在欣赏者的角度看待我们今天的工作和生活，和学生的促膝长谈、每日的披星戴月、和学生们的奋力备战、每天的备课批改，不以愉快的感觉来评判，不以实际的要求来分析，不以“为”的观念来“强为”。一个自己浸入其中，浑然不觉；另一个自己身处其外，远远欣赏。

——读《希腊女神的雕像和血色鲜丽的英国姑娘——美感与快感》有感

教师的美感（二）

大多数人觉得一件事物美时，多是因为它能唤起甜美的联想。联想就是见到甲而想到乙，由甲唤起对乙的联想通常不外乎于两种原因：或是甲和乙在性质上相类似（类似联想），或是甲和乙在经验上曾相接近（接近联想）。五代词人牛希济的两句词“记得绿罗裙，处处怜芳草”就是很好地运用两种联想的实例，词中主人公何以“记得绿罗裙”呢？因为绿罗裙和他的爱慕者有接近关系；何以“处处怜芳草”呢？因为芳草和绿罗裙的颜色相似。

特别喜欢朱光潜先生举的关于音乐方面的例子：钟子期何以负知音的雅名？因他听伯牙弹琴时，惊叹说：“善哉！峨峨兮若泰山，洋洋兮若江河。”李颀在胡笳声中听到“空山百鸟散还合，万里浮云阴且晴”。白乐天在琵琶声中听到“银瓶乍破水浆迸，铁骑突出刀枪鸣”。苏东坡怎样形容洞萧？他说：“其声呜呜然，如怨如慕，如泣如诉。余音袅袅，不绝如缕。舞幽谷之潜蛟，泣孤舟之嫠妇。”这些例子都可以证明多数人喜欢音乐，都是因为它能唤起联想，而这种联想会给欣赏者带来愉快的感觉，即联想的快感。

根据前文中的阐述，快感并不是美感，可以推论出，联想并不能带来美感，相反，在某种程度上，还会妨碍美感产生。

在教育教学中，这种联想是无处不在的，有时是愉快的感觉，有时则相反。在处理同一事件时，教师对学生的印象（如品学兼优或调皮散漫），一定会影响教师的判断和思考；刚刚被批评过的学生再次犯相似的错误，教师一定会联想起刚才自己语重心长或圆睁怒目的教育；提问时回答不出问题的学生可能因平时成绩很好而受到教师“额外”的关注（或理解或批评），而对于成绩不好的学生，教师脑中一定闪现出他不听课的状态……这样的事例不胜枚举，是生活的常态，既符合认知规律，又趋近于人之常情。

存在当然即合理，但如果我们一定要用这样的定式联想来看待和处理日常工作及生活，则无法感受到美感。美感起于直觉，不带思考，不含功利，没有实际功用；联想则难免思考，或有功用色彩。如果我们预先就以一个升入重点和非重点的“有用”之眼来看待每一个教育对象的话，那么教育则全无美感可言，在这一点上，越低年级的教育工作者所呈现的美感状态越接近于真实状态。可以这样说，幼儿教育胜于小学教育，小学教育优于初中、高中教育，而高三的教育呈现的美感则更少。当然，如果小学教育、幼儿教育的教育工作者们也用“有用”的联想来看待孩子，或是以“优秀”的联想来区分孩子，那么这样的教育教学也毫无美感可言。

美感起于直觉，在美感经验中我们聚精会神于一个个孤立绝缘的意象上面，不使心思由美感的意象旁迁到许多无关美感的事物上面去，美感才会真实发生。

——读《记得绿罗裙，处处怜芳草——美感与联想》有感

教师的欣赏

朱光潜先生在本文中谈到学者们有一种误解，就是把考据和批评认为也是一种欣赏。以此，我想到了教师的欣赏，如果没有欣赏，又何来美感呢？

先说考据。考据所得到的是历史的知识，历史的知识可以帮助人欣赏却不是欣赏本身。欣赏之前要有了解，了解是欣赏的预备，欣赏是了解的成熟。关于文艺作品，考据版本、来源及作者的生平虽对了解作品很有必要，但这些都是作品的“题外事”，过分地关注这些问题，就是离开了作品形象的本身，就无法实现美感，因为美感经验全在欣赏形象的本身。

从教育教学的角度来看，了解学生的家庭情况、其他教师对学生的评价、其他学生的判定、学生学习成绩及能力等，固然对教育教学有必然的帮助，如可以因材施教，在处理事情上也可以因人而异，选择最佳角度、最佳方法来解决教育教学中出现的情况和问题，这几乎是一个称职且责任心、事业心很强的优秀教师的做法。但这种“考据”也都是“作品”的“题外事”，离开了被欣赏者本身，很难实现真正意义上的欣赏，因为美感经验全在欣赏形象的本身。所以当一个学生在某一方面取得进步时，我们会根据已知的“考据”来判断他在种种情况之下有了某一方面的进步与提高，教师会产生愉快的感觉，但这种愉快的感觉很快会随着这个学生某一方面的不佳表现而消失。再比如，一个在教师“考据”中优秀的学生如果在某一方面有了错误，那么教师会根据“考据”的信息或宽容理解或大发雷霆，总之，不会以欣赏成长的态度、美感的态度来对待。同样，对于教师工作，如果我们也以“考据”的情况来对待，充分了解这一工作可以带给自己的实际效益，了解这一工作的烦劳和辛苦，了解这一工作的责任和使命，这当然也是工作之初的必须阶段，但同时也就毫无美感可言，要么称职尽责、任劳任怨、甘于奉献，成为“道德境界”的教师，要么随波逐流、忙忙碌碌、怨天尤人、蹉跎度日。所以，美感经验不在其他，全在欣赏形象的本身。

再说说批评。让我们先看看朱先生对批评学者的归类。

第一类批评学者自居“导师”的地位。他们对于各种艺术先抱有一种理想而自己却无能力把它实现于创作，于是拿这种理想来期望旁人。他们以为创作家只要遵守这些教条，就可以做出好作品来。

第二类批评学者自居“法官”的地位。“法官”要有“法”，所谓“法”便是纪律。这班人心中预存几条纪律，然后以这些纪律来衡量一切作品，和它们相符合的就是美，违背它们的就是丑。

第三类批评学者自居“舌人”的地位。“舌人”的功用在把外乡话翻译为本地话，叫人能够懂得。

第四类批评学者所居的是“饕餮者”的地位。“饕餮者”只贪美味，尝到美味便把它的印象描写出来，他们主张各人应以自己的嗜好为标准。

我们以此来看教师在教育教学过程中的“批评”，不妨仿照而为之。

第一类教师自居“导师”的地位,他们对于教育有一种完美的期待，对于人的发展有一个理想的标准，对于真善美有一种纯粹的态度，对于道德标准有一个明确的要求，但这些期待、标准、态度和要求只针对被教育者——学生，导师们“己所欲，施于人”，但从来无法用此来要求自己，所谓“己之昏昏”却要求他人“昭昭”。这类教师的批评无法挑剔，不能指责，因为他站在人类道德标准的至高点，你对他提出疑义，便是在挑战人类道德法则。

第二类教师自居“法官”的地位。“法官”之法多为纪律规范，或学生守则，或校规校纪，或班级制度，对于违反者要批评，符合者要表扬。

第三类教师自居“舌人”的地位。这类教师在教育教学中缺少自己的思考，多人云亦云，在批评和评判中没有客观的依据，或缺少持续稳定的客观依据，总是以他人的教育教学经验作为自己批评和评判的标准，往往因教育教学理论的不系统性和随机性，缺少系统和持续的教育教学。

第四类教师自居“饕餮者”的地位。这类教师以自己的成长经历和自己当时的心情状态，或自己的喜好性格作为批评的依据和标准，这种批评带有主观性和盲目性。

其实在教育教学实践中，教师处理问题时不一定只局限于其中一种类型，只不过在连续性的教育教学行为中，其中某一种类型出现的频率多一些而已。

朱先生指出：“批评的态度须用反省的理解，欣赏的态度则全凭直觉。”如果把教育教学工作、生活状态看作一部作品，那么“批评的态度预存一种美丑的标准，把我放在作品之外去评判它的美丑；欣赏的态度则忌杂有任何成见，把我放在作品里面去分享它的生命。遇到文艺作品如果始终持批评的态度，则我是我而作品是作品，我不能沉醉在作品里面，永远得不到真正的美感的经验”。

用朱先生的话作结：“考据不是欣赏，批评也不是欣赏，但是欣赏却不可无考据与批评。”教师的欣赏其实也如此。

——读《灵魂在杰作中的冒险——考证、批评与欣赏》有感

教育的美

朱光潜先生在《情人眼底出西施——美与自然》一文中讨论了美的本身。在一般人看来，美是物所固有的，人常喜欢说“自然美”，以为自然中已有美，即使无人欣赏，美也在那里；在哲学家看来，美是“心”的产品，康德以为美感判断是主观的却有普遍性，黑格尔以为美是在个别事物上见出“概念”或理想，托尔斯泰以为美的事物都会有宗教和道德的教训……朱先生指出：“美不完全在外物，也不完全在人心，它是心物婚媾后所产生的婴儿。”

朱先生还指出：“美感起于形象的直觉。形象属物而不完全属于物，因为无我即无由见出形象；直觉属我却又不完全属于我，因为无物则直觉无从活动。美之中要有人情也要有物理，二者缺一都不能见出美。”

以此让我们来看一看教育的美。教育本身具有美的形象，教育是生命与生命的邂逅，生命与生命的交流，生命与生命的传承，生命与生命的欣赏。在一个生命体的存在和价值的体现上，还有比这更美好、更幸福的吗？更何况教育者传授的是人类文明的财富，受教育者是纯真而美好的儿童少年、人类的未来。受教育者充满憧憬、满含期待地向往着知识文化，崇敬、敬仰地凝视着教育者，接受着文化传承的任务，感受着教育者独特的个人智慧和文化理解，思考着自己的人生价值与生命之路。教育本身具有美的形象，这样，在教育中的人才可以在美的形象中产生美感，因为美不能完全凭心灵创造出来。

为什么有的教育者在教育过程中多感受到教育时间性的疲惫、教育反复性的烦躁、教育出现问题时的焦虑，以及与受教育者交流中的困惑，还有来自升学、社会、学校、家长等方面的压力等。朱先生举的例子十分耐人寻味：美的欣赏极似“柏拉图式的恋爱”，初恋时寻常血肉做的女子却变成你的仙子，你所理想的女子的美她应有尽有。其实这时你眼中的她已不再是她自己原身而是经你理想化过的变形。你在理想中先酝酿成一个尽善尽美的女子，然后把她外射到你的爱人身上去，所以你的爱人其实不过是寄托精灵的躯骸，正如一句话所说：“情人眼底出西施。”一言以蔽之，恋爱中的对象是已经艺术化了的形象。

美的欣赏也是如此，也是把自然加以艺术化。艺术化就是人情化和理想化。

我们已经清楚，美是客观上美的形象固有的性质及主观欣赏者对于形象的美的欣赏，即形象的艺术化（即人情化和理想化）。那么以此来看教育的美，教育本身具有美的形象，作为客观参与者，教育工作者应以主观的欣赏者身份，置身于教育之外的距离来看待教育，从而将教育本身的形象加以艺术化。教育时间的长期性和反复性、教育对象的不成熟性、社会和家长的期待性恰恰是教育工作艺术性的人情性，而受教育者的成熟、成长，乃至个人价值的呈现则是教育工作艺术性的理想性。

在实际工作中，教师如果以“柏拉图式的恋爱”将自己酝酿的美好形象“外射”到教育身上，那么教育就成了教师寄托思想世界的躯骸，而且，这种“柏拉图式的恋爱”对于所爱者也只是“无所为而为”的欣赏，不带占有欲，唯其如此，才可产生美。对于教育，我们也要以这种“为而不有，功成而不居”的态度来对待，才可以感受到教育的美。

总而言之，教育的美是教育本身物性的美与观赏者产生欣赏教育的美感的结合体，没有教育本身物性的美，欣赏者则无法见出美的形象；而没有欣赏者的美感，教育的美则无从欣赏。

——读《情人眼底出西施——美与自然》有感

教育的美和教育者的美感

我们已经知道，美是由事物本身的美和欣赏者的美感结合而生成的，那么于教育而言，其美是由教育本身的美和教育者的美感共同完成的。教育本身的美和教育者的美感并不是一回事。这就如同朱光潜先生所说："自然美"中的美与"艺术美"中的美不是同一回事。

"自然本来混整无别，许多分别都是从人的观点看出来的。离开人的观点而言，自然本无所谓真伪，真伪是科学家所分别出来以便利思想的；自然本无所谓善恶，善恶是伦理学家所分别出来以规范人类生活的。同理，离开人的观点而言，自然也本无所谓美丑，美丑是观赏者凭自己的性分和情趣见出来的。自然界唯一无二的固有的分别，只是常态与变态的分别。通常所谓'自然美'就是指事物的常态,所谓'自然丑'就是指事物的变态。"通常我们说某物丑，其实不过是因为它稀奇古怪。中国人常讲"不合式"，所谓"式"就是标准，就是常态，就是最普遍的性质。人们都以常态为美，山的常态是巍峨，所以巍峨最易显出山的美；水的常态是浩荡明媚，所以浩荡明媚最易显出水的美。同理，花宜清香，月宜皎洁，春风宜温和，秋雨宜凄厉。

那么，教育的常态是什么？只有呈现出教育的常态，教育才是"合式"的，就是美，否则，就是变态，就是丑。从教育本身来看，它的常态就在于"教"，在于"育"，只要是在"教"和"育"的过程中，用生命教导生命，用生命孕育生命，就属于教育常态，但教育的美不仅在于"教"和"育"的独特性质，更在于这许多普通性质的总和。

就其“教”而言，“教”古文字写作“”，右边像人手持教鞭，左边“”表示儿童，其上的“”代表算术的筹策，所以“教”字的本义为督导儿童学习。“育”，古文字写作“”上面是个倒立的“子”，许慎《说文解字》解释“养子使作善也”，“不从子而从倒子者，正谓不善者可使作善也”。

授知学习，使人向善，这就是“教育”的本义，也就是教育常态、教育本身的美；而不“教”，不“育”，则为教育的变态，则为丑。至于如何施教，如何育人，国家制定了各种纲领和规范，这里就不一一赘述。总而言之，教育的美就在于教育的教书育人。

艺术美绝不等同于自然美，由于创造者的手法不高明或别有用心，自然美可以化为艺术丑，如毛延寿画丑王昭君。同样，自然丑也可以因为创造的需要化为艺术美，比如《红楼梦》中的刘姥姥醉卧怡红院，读者怎么看怎么快乐。可见，艺术的美丑和自然的美丑是两回事。

同理，教育者本身的美感和丑感同教育本身的美丑也是两回事。同样面对教育的常态“教”与“育”，有的教育者看到了人类宝贵智慧财富的传承，以及生命对生命的呵护；有的教育者则只看到了“教”过程中的艰辛、循环往复的枯燥，“育”过程中的痛苦、冲突矛盾中的伤害。所以，有的教育者在教育常态中，感受到教育本身的美，而有的教育者在教育常态中，无论如何也无法看出教育本身的美。

这样我们就理解了朱先生所说：“事物如果要能现形象于直觉，它的外形和实质必须融化成一气，它的姿态必可以和人的情趣交感共鸣。这种‘美’都是创造出来的，不是天生自在俯拾即是的，它都是‘抒情的表现’。我们说‘自然美’时，‘美’字有两种意义。第一种意义的‘美’就是上文所说的常态……第二种意义的‘美’其实就是艺术美。”如同我们欣赏山水而觉其美时，实际上已经把自己的情趣外射到山水里去，已把自然加以人情化和艺术化了。所以瑞士思想家阿米尔说得好：“一片自然风景就是一种心境。”著名国学大师王国维先生在《人间词话》中指出“以我观物，物皆着我之色彩”，“一切景语皆情语”也是这个道理。

法国画家德拉克洛瓦说得好：“自然只是一部字典而不是一部书。”尽管我们都有自然这部字典在手边，但如何写出一部好作品，全凭各人的情趣和才学。这与教育的美和教育者的美感岂不同理，教育的美就在那里，不论你是否可以欣赏，它就在那里，不生也不灭，不净也不垢，不增也不减，而如何见到这种美，全凭教育者各人的美感。

——读《依样画葫芦——写实主义和理想主义的错误》有感

教育的欣赏和创造

朱光潜先生在《大人者不失其赤子之心——艺术与游戏》一文中谈到了欣赏和创造，认为欣赏和创造的距离很近，欣赏之中都寓有创造，创造之中也都寓有欣赏。欣赏和创造有很多相似性，都是要见出一种意境，造出一种形象，都要根据想象和情感。比如一片自然风景，观赏者要拿自己的想象与情趣来交接它，才能有所得。他所得的深浅和自己的想象与情趣成比例。欣赏者的想象和情感是生生不息的，一个艺术品的生命也就是生生不息的，没有创造就不能有欣赏。

创造之中都寓有欣赏，但是创造不全是欣赏。欣赏只要能见出一种意境，而创造却须再进一步，把这种意境外射出来，成为具体的作品。

在前面的文章里，我们谈论了教育本身的美及其教师的欣赏（即教育者的美感），我们可以充满美感经验地来看待教育的美，以一种“为而不有，功成而不居”的态度将教育工作放到一定的距离来欣赏，不断提升自己的美感，从美学角度来看待工作和生活，使自己可以以欣赏者的角度来看待自己的客观实践，这于自己而言是一种境界的提升与生命的幸福。但于教育工作者而言，仅有这样的美感是不够的，不仅要欣赏，更要创造。

欣赏和创造不同。

其一，创造都带有社会性，而欣赏一般不带有社会性。我们在进行教育的美感欣赏时，并没有要求用自己的欣赏来博得他人的钦羡和赞美，在自己作为欣赏者的同时并没有要求有欣赏者来欣赏我们。尽管可能我站在窗口看风景，而风景中的人正站在桥上看着我，但这并不是我主观期望的。而创造则不然，创造则必有欣赏者。作为艺术家见到一种意境或是感到一种情趣，自得其乐还不甘心，他还要旁人也能见到这种意境，感到这种情趣。教育的创造更是如此，教育者有了这种美感不是仅使自己生活在幸福中、诗意里，还要通过教育教学将这种美感经验传递给受教育者，使他们增加美感经验，能够从美的角度来看待生活，走向生命。这也是教育者的社会责任和社会价值，可见创造的价值是有社会性的。

其二，欣赏只顾把所欣赏的意象“表现”出来，而创造还要进一步把这种意象传达于他人，所以欣赏不必有作品，而创造则必有作品。对于教育者的创造而言，其作品就是受教育者，教育者不仅自己感受到美，知道美的形象的珍贵，还要受教育者也同样珍贵它。教育者自己见到一种美好，并且想使这种美好能够在受教育者的生命中浸润、驻存。

其三，创造需要将自己的情思意趣传达给旁人，使旁人也能同赏其乐，这便不能不研究传达所必需的技巧。第一要研究他所借以传达的媒介，第二要研究应用这种媒介如何创造出美的作品。作为教育者，不仅要思考在什么样的环境中、什么样的背景下、什么样的情境里进行教育教学行为最为恰当，还要思考如何进行自己的教育教学行为、选择教育教学方式，在这种要求下，教育者更要规范自己的行为，修己育人，诗意生活。只有将创造的内容和形式融合在一起，才是真正的美。

总而言之，教育的美不只在于欣赏，更在于创造，将美的价值、理想和美感经验传达或浸润到美好的受教育者的生命之中。那么教育的创造必然带有社会性，必须有“作品”（即具有本身的美和美感的受教育者），而且，必然要选择最好的方式将这种美好的情思意趣传达给受教育者。唯其如此，教育的欣赏和创造才构成教育的美。

——读《大人者不失其赤子之心——艺术与游戏》有感

教育的创造之想象

我们知道，欣赏来自于直觉的美感、形象的直觉，它不能依靠于联想和想象，但创造必然使用想象。

朱光潜先生在《空中楼阁——创造的想象》中用艺术的创造来诠释“想象”，他认为想象就是在心里唤起意象，而意象就是心境从外物摄来的影子。有的意象在我们脑中是留有痕迹的，而有的意象是我们听到别人描述后结合已有意象而推知的，这种回想和推知意象心理的活动就是想象。

创造的想象并非无中生有，它仍用已有意象，只不过把它们加以新配合。所以创造就是平常的旧材料之不平常的新综合。

教育从某种意义上说也可以看作艺术性的创造，学生就是教师创作的“艺术品”（当然，这个艺术品的创造者不只是教师），教师在教育学生的时候，在心里总有一个美好的形象，这一形象就是教师要培养的优秀或完美的学生形象，这一形象或清晰或朦胧地存在于教师的心中，不论教师是否意识到，但在教师教育学生的过程中，都有意无意地实践着自己对教育培养完美形象的理解，教师在创造过程中的心理活动就是教育创造的想象。

教育创造的这种想象也绝非无中生有，是在社会要求的优秀人才的标准下，以教育纲领为指导，教师根据学生实际发展的可能性和自身对优秀人才的理解等已有“意象”之下的新综合。这种教育创造的想象随着教师从事教育时间的长短和个人人生经验的丰富而逐渐在教师心中清晰，而这种创造的想象在很大程度上指导和影响着教师的教育过程。

创造大半是旧意象的新综合，综合大半借“联想作用”。我们在《教师的美感（二）》一文中曾说过有时联想会妨碍美感产生，但联想产生是知觉和想象的基础，创造不能离开知觉和想象，也就不能离开联想。

教师的教育创造也不能离开联想，教师在创造过程中总要从学生的动作行为、言谈举止中产生联想，或联想起学生的性格、志趣、爱好、交际，或联想起学生的家庭状况、情绪状态，或联想起自己在教育教学过程中遇到的类似教育情形，或联想起自己对学生的教育培养和期许愿景等，从而在教育创造过程中围绕自己的教育理解进行有效又艺术的教育行为。

梅圣俞在《续金针诗格》里用这样一段话来说诗：“诗有内外意，内意欲尽其理，外意欲尽其象。内外意含蓄，方入诗格。”在这里我不妨也以诗来比拟对教育的理解：教育也有内外意，教师内意有对教育的美感，以欣赏的美来看待教育；外意要有创造的艺术，以创造的想象投射到学生身上，从而完成艺术的美的教育创造，内外意兼具，方入教育之格，领略教育之美。

——读《空中楼阁——创造的想象》有感

教育的创造之情感

我们已经知道，创造就是平常的旧材料之不平常的新综合，它的精彩全在这综合上面。在未综合之前，意象是散漫零乱的，在综合之后，意象是谐和整一的，这种综合的原动力就是情感。情感是综合的要素，许多本来不相关的意象在情感上调协，便可形成完整的有机体。

十分喜欢朱光潜先生举的艺术创造的例子：杨柳引起无数联想，桓温因杨柳而想到“树犹如此，人何以堪！”萧道成因杨柳而想起“此柳风流可爱，似张绪当年！”韩君平因杨柳而想起“昔日青青今在否”的章台歌女，王昌龄《闺怨》中的少妇想到了她的夫婿“忽见陌头杨柳色，悔教夫婿觅封侯”。“情感是生生不息的，意象也是生生不息的。换一种情感就是换一种意象，换一种意象就是换一种境界。即景可以生情，因情也可以生景。”诗是生命的表现。生命像柏格森所说的，时时在变化中即时时在创造中，说所有的诗被前人做尽了，诗是没有未来的，就不啻说生命已到了末日。

例子说得挚情而又深刻，教育的创造亦如此。教育者的个人经历千差万别，性情大不相同，个人际遇及对人生、世界、价值的理解又人人各异，而且所面对的受教育者又各不相同，而教育之所以能够求同存异、因地制宜、因人而异、因材施教，可以生生不息、蓬勃发展，教育出全面发展、追真求善、不断进取、终身学习的人，其中的重要因素就是情感。

首先,教育者葆有对教育的情感。“十年树木,百年树人。”一个国家、民族欲屹立于世界民族之林，长盛不衰，最重要的就是源远流长的文化传承。中国作为四大文明古国中唯一一个不间断地流传发展起来的国家，其首要的原因就是文化的传承没有断裂，而其他三个文明古国，印度、埃及、巴比伦都不同程度地由于各种原因而产生过文化断裂现象。教育担负着传承文化的使命，影响着民族的兴亡。教育者意识到教育的历史使命，在历史的长河中来看待教育的价值，这种责任感、使命感就决定了教育者对教育的神圣的充满光辉的挚爱。

其次，教育者葆有对受教育者的情感。孔子说："仁者爱人。""己欲立而立人，己欲达而达人。""仁"就是把人当人，就是"以人为本"。教育是生命对生命的呵护。有人把教育者比作园丁，有人把教育者比作蜡烛、春蚕，还有人喜欢把教育者比作明灯。我认为教育者就是一个生命的传承，任何比喻都只是强化了教育者的职业功能，传道、授业、解惑，而教育者最大的慈悲莫过于对生命的负责、呵护和尊重。哲学家、教育家冯友兰认为人生境界可划分为四个等级，即自然境界、功利境界、道德境界、天地境界。教育者对于生命的情感是天地间生命对生命的珍惜，生命对生命的滋养，生命对生命的传承。

再次，教育者葆有对自己生命价值的情感。每个人在满足了自己的生存需要之后都要面对一个迷茫难解的问题，即追问到哲学的根本问题：我是谁？考虑了这个问题就是思考了自己的生命价值。作为一名教育者，生命的最大价值就是创造合格、健康、优秀的生命，这是每一个有理想、有追求的教育者都葆有的深切情感。

当我们在教育创造中充满情感的时候，我们就会如同诗人与艺术家一样有"设身处地"和"体物入微"的本领。我们在创造教育生命时，就可以进入他的心灵，变成他，享受他的生命，领略他的情感。在这种心灵感通中我们可以见到彼此的生命。

我们可以在身处其中时，退到客观的地位，把教育当作一件艺术作品来欣赏，在欣赏的同时，达到物我同一的境界，霎时之间，我们的心境就会与生命的心境连通，再由客观的观赏者变为主观的享受者，既可“超以象外”，又能“得其环中”。

创造是生命的表现，生命时时在变化中即时时在创造中，没有创造，不啻说生命已到了末日。

——读《超以象外，得其环中——创造与情感》有感

教育的创造之规矩

“诗和其他艺术都是情感的流露。情感是心理中极原始的一种要素。人在理智未发达之前先已有情感；在理智既发达之后，情感仍然是理智的驱遣者。情感是心感于物所起的激动，其中有许多人所共同的成分，也有某个人特有的成分。这就是说，情感一方面有群性，一方面也有个性，群性是得诸遗传的，是永恒的，不易变化的；个性是成于环境的，是随环境而变化的。所谓‘心感于物’，就是以得诸遗传的本能的倾向对付随人而异、随时而异的环境。环境随人随时而异，所以人类的情感时时在变化；遗传的倾向为多数人所共同，所以情感在变化之中有不变化者存在。”

朱光潜先生的这段论述极为深刻，这种哲学性的思辨是现代人必须学习和拥有的一种思维方法和处事原则，万事万物没有绝对的肯定，也没有绝对的否定，万事万物在变化中，而变化中又有不变的永恒。现在的人想问题、做事情都未免绝对，非此即彼，往往陷入困境，自己想不通、走不脱，疲惫不堪，痛苦不堪。教育是生命的艺术，艺术必须创造，但艺术的创造也是情感的返照，有群性和个性的分别，也在变化之中有不变化者存在。变化就是创造，不变化就是因袭。把不变化者归纳为原则，就是规矩。也就是说，在教育艺术的创造中，情感饱和的想象是嵌在一种规矩里面的。

规矩是前人无意总结而用血泪和汗水演绎出来的材料和故事，后人经过研究，把内在的规律加以总结归纳，从而制订为规矩。从某种意义上讲，规矩可以有时代的烙印，但经过千淘万漉，最终形成的规矩都带有人类智慧的结晶。在教育艺术中，从“万世师表”孔子到近现代的教育家们，都从前人和自己的教育教学经历中总结出无数教育教学心得，其中当然有个性的教育教学思想和方法，因为只有因袭而无创造，艺术生命将不能发展延续，但其中共同的情感规律则是群性的智慧，我们必须学习遵守，不能贸然挑衅批判，不能因个性的创造而否定或推翻群性的因袭。如果那么做了，就是以受教育者作为实验品来实践自己的教育教学想法，更多的还不是想法，只是一种随性的放纵。

我们不能擎着一杆情感的大旗而实施着破坏教育的创新。有一幅漫画画的是一个园丁拿着一个写着“关爱”的热水壶，充满憧憬和期待地给蓓蕾浇热水，这便破坏了规矩，越认真努力越执着勤奋就越可怕。作为教育创造者，绝不能根据自己的人生经历和价值判断而想当然地进行个性的教育创造，影视中所展示的所谓“麻辣教师”“野蛮教师”“个性教师”等在一段时间内也许可以吸引受教育者的眼球，但在受教育者一生的教育经历中，这种教育创造只会使受教育者在人生价值判断上产生迷惑，多走弯路。乌台诗案后，苏轼在黄州时曾深刻地反思自己的才华外露，恃才放旷。他举了个非常巧妙的例子，说自己这么喜欢炫耀才华，就好像树上结的那个很漂亮的树瘤，石头上漂亮的花纹，尽管奇特与好看，殊不知，树瘤对树来说是一种病，花纹对石头来说也是一种病。这么多年来，自己就把这种病展示给人看，难道不是自己人生中的一个致命的缺点？由此而观之，个性有的时候不在群性的规矩下，可能展现出来的是一个漂亮的瘤，不可不谨慎。

规矩不能束缚真正的教育创造者，当然也不能把一个平庸的教育者塑造成教育创造者。具有创造精神的教育者，规矩会为他所用；不具有创造精神的教育者，有规矩他固然是守旧，没规矩他还是守旧。

用朱先生所论述的艺术来诠释："艺术须寓整齐于变化。一味齐整，如钟摆摇动声，固然是单调；一味变化，如市场嘈杂声，也还是单调。"古今大艺术家大半后来都做到了从束缚中挣扎得自由，从整齐中酝酿出变化。善用规矩者好比打网球，打到娴熟时虽无心于球规而自合于球规，在不识球规者看，球手好像纵横如意，略无迁就规范的痕迹；在识球者看，他却处处循规蹈矩。正所谓："文以文而工，不以文而妙。"工在规矩而妙在神髓。

孔老夫子年逾七十，"从心所欲，不逾矩"，这是艺术家的极境。作为教育创造者应在规矩中继承，在规矩中思考，在规矩中锤炼，在规矩中打磨，待炉火纯青，待出神入化，便从心所欲，便凭意而为，便潇洒自如，自臻化境，不逾矩。

——读《从心所欲，不逾矩——创造与格律》有感

教育的创造之模仿

“凡是创造之中都有欣赏，但是创造却不仅是欣赏。创造和欣赏都要见到一种意境。欣赏见到意境就止步，创造却要再进一步，把这种意境外射到具体的作品上去。见到一种意境是一件事，把这种意境传达出来让旁人领略又是一件事。”所以，各种艺术创造都需要一定的技巧，这种技巧起初都来自于模仿。

朱光潜先生在此不仅举了具体的写字的例子（最初是描红，其次是写印本，再其次是临帖），还举了抽象的诗文中“气”的例子。古人写作向来看重“气”字，所以孟子说“吾善养吾浩然之气”。曹丕提出“文气说”，苏辙给韩太尉的信中又提出“气可以养而致”的“养气说”，苏轼也有诗云“腹有诗书气自华”，可见“气”是很抽象无形的一种物质，但这种无形无声无色无味的物质其实也可模仿训练出来。韩愈说过：“气盛则言之短长与声之高下皆宜。”声本于气，所以欲得古人之气，必得求之于声。求之于声，必诵读。朱晦庵说：“韩昌黎、苏明允作文，敝一生之精力，皆从古人声响学。”所以从前古人教人作文最重朗诵。朗诵既久，则古人之声就可以在我的喉舌筋肉上留下痕迹，“拂拂然若与我之喉舌相习”，到我自己下笔时，喉舌也自然顺这个痕迹而活动，所谓“必有句调奔赴腕下”。由此可知前人所谓“气”也是一种技巧模仿练习。

所有艺术创造都可以作如是观，教育创造也不例外。教育创造有教育想象为目标，有教育情感为贯穿，有教育规矩为约束，必然有教育经验使之模仿。中国文化悠久，中国教育史，有文献记载的可追溯到有虞时代舜所设“庠”，发展至今已经有数千年的历史。汉代以后以儒家文化为主导，清末又引入了西方近代教育。在中国教育思想发展史上，名师辈出。从古代的孔子、墨子、孟子、荀子、王充、韩愈、朱熹，到近现代的蔡元培、杨贤江、徐特立、陶行知等都是其中的佼佼者。在古代，不仅有《论语》《孟子》《荀子》等蕴藏着丰富教育思想的典籍，还有像《学记》这样精深的教育专著。古代教育家们还概括出了“教学相长”“启发诱导”“因材施教”“循序渐进”“温故知新”“言行一致”“改过迁善”等一系列的教育教学原则与方法。这些都是中国教育思想遗产中的瑰宝。如此丰富的宝库，为后来教育者提供了珍贵且多元的教育资源，教育者在继承的道路上有很长的一段路要走，必须心无旁骛，必须持之以恒，必须与时俱进，必须学思并用，切不可一知半解就想当然耳，绝不能未知根本就已飘飘然。“见怪不怪，其怪自败”，我们在实践多年的教育之路上总结的万语千言，翻开典籍，却发现古人早已精辟地总结为一组警句或几个成语，词含千言，句蕴万语，耐人寻味，使人深思，而那些被自己尘封的书早就在书架上默默含笑地凝视着每日辛勤努力、毫无闲暇的你在挥汗如雨。

向规范学习，同前人借鉴，与周围的智者一起学习、思考，人类一直在曲折而缓慢地前行，教育作为培育生命的课程更是如此。人类的今天和未来永远有人类昨天的基因和脚印，我们要在人性相同处找到开启人类智慧潜能、美好发展的钥匙。正如朱先生所言：“各种艺术都同时是一种学问，都有无数年代所积成的技巧。学一门艺术，就要学该门艺术所特有的学问和技巧。这种学习就是利用过去经验，就是吸收已有文化，也就是模仿的一端。”

但同时我们也要意识到，模仿这步功夫只是创造的始基。没有做到这步功夫和做到这步功夫就止步，都不足以言创造。创造是旧经验的新综合，旧经验大半得诸模仿，新综合则必自出心裁。顾亭林在《日知录》中说“不似则失其所以为诗，似则失其所以为我”，也就是说，在创造的路上，如果不模仿旧知识、旧经验则没有规矩可以束缚，而只会模仿则没有自我的思考、自我的存在。所以，在我们的教育创造中，在我们学习模仿旧有知识、经验的同时，一定要结合时代特点、学生生命规律、自我教育风格进行思考及实践，不能按部就班、按图索骥，这样的话不只是无法实现真正的创造，就连是否符合教育规律都未尝可知。也就是说，创造不能无模仿，但是只有模仿也不能算是创造。

朱先生说：“凡是艺术家都须有一半是诗人，一半是匠人。他要有诗人的妙悟，要有匠人的手腕，只有匠人的手腕而没有诗人的妙悟，固不能有创作；只有诗人的妙悟而没有匠人的手腕，即创作亦难尽善尽美。妙悟来自性灵，手腕则可得于模仿。”教育亦然，教育者不但要有诗人的想象情怀，更要有匠人的手艺技巧，而这种教育技巧则大多来自于模仿。

——读《不似则失其所以为诗，似则失其所以为我——创造与模仿》有感

教师的智慧

在生活中，我们经常会发现优秀的教育者在教育教学中总有灵光闪现的教育教学智慧出现，或处理问题圆融通透，或分析现状深刻睿智，或教学设计独辟蹊径，或教学实施灵活多样，我们不禁感慨："不愧是教育大家，真有教育教学智慧！"紧接着又感叹一句："他最适合做老师！"

也许在我们看来，这些教育者就是教育天才，这些教育者的教育教学智慧来源于天才的能力，于是"我不是天才"成为众多懒惰者的借口。

只有天才才拥有智慧吗？让我们除却个人的遗传因素和环境因素，再来看一看这个问题。牛顿说"天才只是长久的耐苦"。王羲之的墨池、怀素的笔冢、居里夫人的矿渣，困苦中的贝多芬、苦难中的米开朗琪罗、流离中的杜甫等例子都可以证明，要成为天才更多靠个人的努力。"读书破万卷"说的就是功夫，就是个人的努力，后一句"下笔如有神"，自然文如泉涌，文似天成。而我们大部分人，只唏嘘不已、议论纷纷，惊诧羡慕、自叹不如的是他人取得的成绩，而根本看不到也不会去关心他人的付出和努力。冰心说过："成功的花，人们只惊慕她现时的明艳！然而当初她的芽儿，浸透了奋斗的泪泉，洒遍了牺牲的血雨。"这句话将个人的努力在成功中的作用演绎得波涛汹涌，慷慨悲壮！教师的智慧同样如此，看似教育中简单的举手投足、注视微笑，教学中的轻描淡写、点评提升，实则既有教育者实践经验的积累，又有教育者勤奋进取的努力。智慧来自于个人的努力！

朱光潜先生用灵感来进一步诠释关于天才的问题，我觉得在教师的智慧中同样适用。从心理学来看，灵感就是在潜意识中酝酿成的情思猛然涌现于意识。人于意识之外还有潜意识，在潜意识中也可以运用意志、思想，这样我们就可以理解“日有所思，夜有所梦”了。很多时候，将我们在意识中思索的东西在潜意识中酝酿一些时候，它会更成熟，脑工作的原理即如此。所以，我们常有这样的经历：有时冥思苦想好久的问题没有答案，可能在某一个不经意的瞬间便豁然开朗了。据说法国作曲家柏辽兹写一个乐谱，最后一句怎么也想不出以什么样的乐调来传达情思。搁置两年之后，一次，他失足落水，爬起时口里所唱乐调就是自己百思不得其解的乐调。这样你也就能理解“李白斗酒诗百篇”的灵感了。灵感是潜意识中的工作在意识中的收获，它虽是突如其来，却不是毫无准备。

教育者在教育教学中的智慧也绝不是毫无准备的。教育者的智慧从狭义上来讲也可以指教师在面对教育教学等问题时，突如其来的教育教学灵感，它电光火石，灵光一闪，使教师做事能得心应手，左右逢源,上课如行云流水,妙语连珠。这种智慧除了教育者“读书破万卷”的刻苦努力外，还有教育者在潜意识中对教育教学的思考、对受教育者状态的分析、对教育规律的理解、对教学内容的不断深化领悟、对教学方法的不断实践和总结，朝思暮想，虽意识不工作，但潜意识在不断地进行意志、思维的综合判断和运用，从而在另一个教育教学细节出现的瞬间，灵感第一时间突现，融会贯通，形成教师自己的教育教学智慧。

值得一提的是，朱先生特别地告诉我们不要拘泥于自己的艺术范围本身，有时要在你的艺术范围之外下功夫，在别种艺术之中玩索得一种意象，让它沉在潜意识里去酝酿一番，然后再用你的本行艺术融会。其实，“世事洞明皆学问”，万事万物都可贯通，书画家可以从剑的飞舞或鹅掌的拨动之中得到一种特殊的筋肉感觉来助笔力，可以得一种特殊的胸襟来增进书画的神韵和气势，如张旭观公孙大娘舞剑得其草书之神，王羲之观鹅掌拨水得启示，吴道子观剑法得笔意。推广来说，凡是艺术家都不宜只在本行小范围之内下功夫，须处处留心，才有深厚的修养。

作为教育者，要教书育人，更应该博览群书、高雅博学、磊落有为，更应该胸襟广阔、心怀天地、胸有山川，以无所为的心来做可为之事，复归于婴儿。这样，教师的教育教学思考就如同桑叶到了蚕腹，在潜意识中不断酝酿，经过一番咀嚼组织而成丝，在日常的教育教学实践中，形成人人称赞的智慧。

千万不要认为谁天生就是教育天才，不要认为谁的教育教学智慧来源于其天才的能力，从而把“我不是天才”当成自己懒惰的借口。

——读《读书破万卷，下笔如有神——天才与灵感》有感

教育者的艺术人生

人生本来就是一种较广义的艺术，每个人的生命史就是他自己的作品，这部作品可以是艺术的，也可以不是艺术的，如同一块顽石，有的人能把它雕成一座伟大的雕像，而有的人却不能使它“成器”。世间有两种人的生活最不艺术，一种是俗人，一种是伪君子。俗人根本就缺乏本色，伪君子则竭力遮盖本色。俗人和伪君子都迷于名利，与世浮沉，心里没有“天光云影”，他们的生命是干枯的，他们是生活中的苟且者，他们都是生命的机械化。艺术的人生是情趣丰富的人生，对于许多事物都觉得有趣味，而且到处寻求享受这种趣味，情趣愈丰富，生活也愈美满。

教育者是塑造生命的人，教育者的人生必应是艺术性的人生，拥有艺术性的人生，才可心有理想，教人求真，使人向善，令人追美，才不会教出钻牛角尖、争名夺利的生活苟且者，才不会教出滥俗生活的人，才会让生命走向诗和远方。尤为重要的是，教育者不仅要心中坚信，而且要身体力行，“其身正，不令则从”，这才是真正意义上的言传身教，知行合一；拥有艺术性的人生，才可以用生命去润泽生命，用生命去启迪生命，知识属于社会，智慧属于个人，知识可以传授，智慧只能启迪，教育的使命即为润德启智；拥有艺术性的人生，才不会培养出干枯冰冷的分数机器，而是培养出情趣丰富、视野开阔、人格独立、人性纯善的通向幸福的人，“实用的人生”只是人生的一个片段，片段小于整体，如果把“实用的人生”当作人生的全部，那么人生的意义就变得狭窄了，而“艺术的人生”与“实用的人生”要有一定的距离，一般人错误地以为它在整个人生中没有什么价值，这就失去了成其“艺术的人生”的可能性。

朱光潜先生说：“一篇生命史就是一种作品，从伦理的观点看，它有善恶的分别，从艺术的观点看，它有美丑的分别。”朱先生认为，伦理的价值是实用的，它的活动是有所为而为的，是为了社会人群的幸福，是外在的；而美感的价值是超实用的，它的活动是无所为而为，美之所以为美，全在于美的形象本身，不在它对于人群的效用（当然，这并不是说它对于人群没有效用），是内在的。我们以伦理价值、道德标准要求自己固然高尚，但当我们以美感价值来对待生命和生活时，则会欣赏自己所处的境况，并且可以创造出自己生命的奇迹。作为教育者，用伦理的价值来要求自己的教育生命，兢兢业业、任劳任怨、积极努力、乐于奉献，虽有“春蚕到死丝方尽，蜡炬成灰泪始干”的崇高和悲壮，但远不及“我在欣赏着生命，创造着生命”有美感、有境界。

过一世生活好比做一篇文章，完美的艺术人生都有上品文章所应有的美点。

首先，一篇文章一定是一个完整的有机体，其中整体与部分息息相关，一字一句之中都可以见出全篇精神的贯注。文章的完整性放在一个人的生命之中我们可以视其为人格，教育者的艺术人生必须有可敬可赞的人格作为保障，凡是完美的生活都是人格的表现，大而进退取与，小而声音笑貌，都必须与人格相统一，这样的教育者的生命史是一种艺术的杰作。

其次，“修辞立其诚”是文章的要诀，一首诗或是一篇美文一定是至性深情的流露，存于中然后形于外，不容有丝毫假借。教育者的艺术人生也必是真情贯注的，将教育情感、情怀贯穿于自己的教育生命乃至个人生命之中，以教育者的姿态生存，以教育者的生命状态生长，在这情真意切中见出生命的情趣，在这生生不息的情趣中见出生命的造化。把这种生命情感流露于生命的言行之中，就是美满的生命史。

再次，文章忌俗滥，生活也忌俗滥。“风行水上，自然成纹”，文章的妙处如此，生活的妙处也如此。在教育者的教育生命中，要雅致自己的生活，修己即为育人，不论时代发展如何迅速，不论功利物质多么具体，不论周围的环境怎样变化，教育者都应葆有一颗本心，高雅博学、磊落有为，珍视自己的生命，同时也推己及人，珍视受教育者的生命，把生命的高贵、高雅传递给他人，在生命的过程中艺术而雅致。

需要特别说明的是，艺术的人生并不仅仅是潇洒的人生、不羁的人生，其实在艺术的范围内，艺术的人生最认真严肃，达·芬奇练基本功画了成千上万个鸡蛋，王羲之练字染黑了一池水，怀素练字的笔堆成“笔冢”，贾岛因“推”“敲”二字惊扰了韩愈的车马队，王安石“春风又绿江南岸”中的“绿”字改了十几次，卢延让在《苦吟》中“吟安一个字，拈断数茎须”。善于生活者对生活也是这样认真，董狐宁愿断头也不肯掩盖史实，夷齐宁可饿死也不愿降周，文天祥写下“人生自古谁无死，留取丹心照汗青”后从容赴刑场，朱自清饿死也不吃美国的救济粮。我们主张人生的艺术化，就是主张对于人生的严肃主义。现代社会发展迅猛，人生的态度也变得戏谑，“娱乐至死”可以代表这个时代的特点。所以，这个时代更需要点严肃，更需要点风骨，更需要点艺术，更需要点“无所为而为的玩索”，更需要至上的真善美。作为教育者，必须以此作为自己的人生追求和人生理想，并将这种人生理想通过我们自身的知行合一传递给受教育者。也许受教育者走向这个社会后会处处碰壁，甚至怀疑我们的人生理想，但我们还是必须坚持这种人生理想，受教育者和社会碰得头破血流就去碰吧，碰得多了，社会才会真正地“退一步“，不会因前行得太快，忘记了当初为什么要出发。

阿尔卑斯山谷中有一条大汽车路，两旁的景物极美，路上插着一个标语牌劝告游人说：“慢慢走，欣赏啊！”朱先生以此来结束他的美学十五讲，他语重心长地劝诫世人：“许多人在这车如流水马如龙的世界过活，恰如在阿尔卑斯山谷中乘汽车兜风，匆匆忙忙地急驰而过，无暇一回首流连风景，于是这丰富华丽的世界便成为一个了无生趣的囚牢。这是一件多么可惋惜的事啊！”作为教育者，对于自己的教育生命我有同样的理解，我们的教育教学就是我们生命的辙迹。作为教育者，我们的生命就是由一节节课和一个个受教育者组成的，不论你是否意识到，不论你是否同意，我们在教育教学中的生命时间组成了我们人生的生命时间，时间是生命的唯一矢量，可以说，教育教学就是教育者的生命，每节课就是我们的生命辙迹。那么，在我们教育生命的“阿尔卑斯山谷”中驱车行驶时，让我们慢慢地走，领略这一路绝美的风景，让我们的这段人生旅途饱览美景而流连忘返，切不可急着行驶到尽头。如果过于急切，在生命的尽头，我们回首时则会因匆匆而充满遗憾和悔恨。

慢慢走，欣赏啊！

——读《慢慢走，欣赏啊——人生的艺术化》有感

江苏凤凰教育出版社
《行知工程》系列丛书目录

系列	序号	书　　名	作者	定价
教育求索系列	1	《语文教师的诗意情怀》	孙鸿飞	35.00
	2	《做有智慧的班主任——班主任讲述自己的反思与智慧》	李　楠　李志远	35.00
	3	《成语育人——成语文化课程的开发与实践》	张红梅	35.00
	4	《做有思想的教师》	张玉彬	45.00
	5	《区域规范性教研共同体建设及其实践》	陈宗成	40.00
	6	《让诗意润泽心灵——德育校本课程的开发与实施》	陈亚兰	40.00
	7	《联想形象识字教学——让学生感悟汉字神韵》	侯忠彦	50.00
	8	《思维导图教学法：一位历史老师的教学探索》	罗培生	35.00
	9	《让经典滋养人生——名著导读教学策略（中学）》	郑建忠	35.00
	10	《关注每一位儿童的发展——语文小班化教学的探索和实践》	何慧玲	40.00
	11	《让生命诗意地栖居——诗意教育的理念建构与实践探索》	钱丽美	40.00
	12	《怎样上好语文课——时鹏寿解析精彩课例》	时鹏寿	45.00
	13	《让书香浸润生命——时鹏寿伴你品读经典》	时鹏寿	35.00
	14	《开在手心里的花——一位优秀教师的教育情怀》	詹雪莲	40.00
	15	《学科建设与教师发展——中学数学》	杨志文	30.00
	16	《欣说教育那“一亩三分地” ——一位一线教师的教育微思考》	王庆欣	30.00
	17	《爱的守望——一位一线教师对教育的坚守》	林卫红	30.00
	18	《思政教学的人文力量》	戴晓华	30.00
	19	《师道新说——给教育者的 30 条箴言》	徐　卫	30.00
	20	《快乐数学——初中数学教学方式探索》	孙国芹	36.00
校本研修系列	21	《成为研究型教师的实践智慧 ——中小学有效教科研 76 问》	徐　洁	40.00
	22	《徜徉语文教研》	肖俊宇	35.00
	23	《校本研修资源的开发与利用》	陈朝林	30.00
	24	《校本研修与教师专业成长》	吴积军	30.00
	25	《卓越教师经典研修成长策略》	刘天宝等	30.00
	26	《特色校本课程开发范例解读》	刘永平　李秀伟 张雪梅	30.00
	27	《高效校本研修模型构建艺术》	刘素雁	30.00
	28	《走向实践的教研——中小学教育科研引领与应用》	江　敏	30.00

系列	序号	书名	作者	定价
名师感悟系列	29	《追寻教育的精神力量 ——品悟教育名家的智慧与情怀》	侯登强	45. 00
	30	《让心灵伴着歌声成长——22 位音乐名师的教育智慧》	陈　璞	30.00
	31	《超越自我的教师——32 位名师的成长感悟》	李卫东　李秀伟	35.00
	32	《心灵的守护者——19 位名班主任的教育智慧》	王晓松　曲文弘	30.00
	33	《名师感悟班主任有效工作艺术 90 例》	符礼科	30.00
	34	《名师感悟有效教学 90 例》	林高明　徐玉烟	30.00
教育思想者系列	35	《治校之道——小学名校长的办学智慧(1)》	陶继新	35.00
	36	《治校之道——小学名校长的办学智慧(2)》	陶继新	32.00
	37	《治校之道——中学名校长的办学智慧(1)》	陶继新	40.00
	38	《治校之道——中学名校长的办学智慧(2)》	陶继新	35.00
	39	《名校之道——陶继新对话名校长（1）》	陶继新	30.00
	40	《名校之道——陶继新对话名校长（2）》	陶继新	35.00
	41	《名校之道——陶继新对话名校长（3）》	陶继新	42.00
	42	《名校之道——陶继新对话名校长（4）》	陶继新	40.00
	43	《名校之道——陶继新对话名校长（5）》	陶继新	42.00
	44	《父母要成为子女的精神导师——五个孩子走向卓越的奥秘》	陶继新	43.00
	45	《品鉴教育文化盛宴——陶继新序跋屯集》	陶继新	45.00
	46	《为什么而出发——一位研究者对教育本质的沉思》	齐　健	35.00
	47	《高效教学的道与术——陶继新教育讲演录》	陶继新	30.00
	48	《铸造一流教育品质——陶继新区域教育巡礼》	陶继新	35.00
	49	《教育，一切从孩子出发》	黄　俭	30.00
教育艺术提升系列	50	《不犯错误的学生不是好学生 ——把错误变为成功教育的拐点》	程莉霞	35.00
	51	《藏在师生体态语言里的教学智慧》	张　宇　廖生波	30.00
	52	《教师最应该规避的教育误区》	杨坤道	30.00
名师成长系列	53	《音乐名师成长启示录 ——20 位音乐名师的心路历程》	陈　璞	35.00
	54	《情怀·智慧·境界——教育名家演讲录（1）》	钟惠河　李榅琬	30.00

系列	序号	书　　名	作者	定价
精彩课堂系列	55	《让孩子零起点爱上阅读 ——上好阅读指导课的实施策略)》	彭小山	25.00
	56	《主题整合阅读教学（小学语文)》	成孟武	35.00
	57	《基于核心素养的数学教学》	赵红婷	35.00
	58	《中学生核心写作能力培养》	陶　波	36.00
	59	《给孩子更好的数学课堂》	易增加	30.00
	60	《小学生阅读素养的提升策略》	邵巧治	35.00
	61	《从语文素养走向生命成长 ——小学语文读写课堂教学密码》	曾海玲	30.00
	62	《真实的品德课》	朱淑秀	30.00
	63	《英语课堂学习共同体——新型的师生交互学习场》	杨延从	30.00
	64	《指导自主学习——初中数学学与教的研究与实践》	刘其武	30.00
	65	《玩出精彩的课堂 ——小学低年级教与学方式转变研究》	陶红松	30.00
	66	《让生命之花自主绽放——语文个性化教学建构策略》	商德远	30.00
	67	《让学生亲历知识——主体参与下体验式学习的实施策略》	何世祥	30.00
教育探索者系列	68	《教育，静待花开——陪伴孩子一起成长》	武际金　王玉英	40.00
	69	《悦读立人——校园阅读文化体系构建策略》	杨世臣	30.00
	70	《教育智慧何处来——一位特级教师的思考手记》	付立金	30.00
	71	《和雅文化——校本课程的创新构建》	汤善香	30.00
	72	《让个性绽放精彩——学校课程体系整合与创生》	谢建伟　徐淑萍	30.00
	73	《让每个学生都幸福——最能润泽生命的学校文化建设》	谢建伟　张新喜	30.00
创新教学探索系列	74	《让阅读滋养学生语文素养——语文阅读教学策略与实施》	李洪芹	38.00
	75	《学校体育密码》	连仁都	36.00
	76	《我家住在〈诗经〉里》	李日芳	40.00
	77	《〈红楼梦〉里的语文课》	李日芳	30.00

系列	序号	书　　名	作者	定价
创新教学探索系列	78	《品世界名画，学精彩作文 ——特级教师的“名画”作文教学法》	李日芳	36.00
	79	《学生数学整体思维培养 ——小学数学结构化教学的探索与实施》	颜春红	45.00
	80	《基于核心素养的体育与健康校本课程建设》	赵卫新	35.00
	81	《把古文教活——激活文言文课堂的教学策略》	刘小华	35.00
	82	《做童年面前最合适的人——我和孩子们的“童化语文”》	曹丽秋	30.00
	83	《玩出精彩作文——张化万活动作文教学经典策略》	张化万	35.00
	84	《让学生把母语用精彩——“语用课堂”的探索与实践》	佘小红	30.00
	85	《“备”出课堂精彩——备学式教学的课堂实践与思考》	张旭兰	30.00
	86	《神奇的阅读教室——带学生踏上美妙的阅读之旅》	李祖文	30.00
	87	《打造有生命力的课堂 ——“两步八环节”教学模式探索与实践》	查联智	30.00
	88	《最能培养学生探究能力的课堂 ——小学科学与信息技术单元整体课程实施与评价》	李怀源	30.00
	89	《最能激发学生运动天赋的课堂 ——小学体育单元整体课程实施与评价》	李怀源	30.00
	90	《最能提升学生艺术素养的课堂 ——小学艺术单元整体课程实施与评价》	李怀源	30.00
	91	《“生命语文”探索——焕发语文生命力的思考与实践》	王自成	30.00
	92	《粘连作文教学：让习作成为有个性的自我建构》	黄瑞夷	30.00
	93	《备学式教学——在体验中建构数学思维》	单广红　范雪梅	30.00
	94	《向着自主进发——自主教育的创新实施智慧》	朱亚红	30.00
	95	《写中学——让学习更有效的学科写作教学》	钟传祎	30.00
	96	《小学科学实验总动员——大科学课堂有效提升学生创新力》	江美华	30.00
	97	《小学语文单元整体课程实施与评价》	李怀源	30.00
	98	《小学英语单元整体课程实施与评价》	李怀源	30.00
	99	《小学数学单元整体课程实施与评价》	李怀源	30.00
	100	《让教学更能激发智慧——“思维碰撞”课堂的建构与实施》	程和方	30.00
	101	《构建语文综合课新模式——家庭、社区、学校协同教学》	黄瑞夷	40.00
	102	《自主创新让教学成为有效引领》	蔡　隽	30.00

系列	序号	书　　　　名	作者	定价
新父母教程	103	《一年级的孩子》	陈文芳	28.00
	104	《二年级的孩子 》	陈文芳	28.00
	105	《三年级的孩子》	钱静霞	28.00
	106	《四年级的孩子》	谢　云	28.00
	107	《五年级的孩子 》	陈　春	28.00
	108	《六年级的孩子》	袁卫星	28.00
	109	《七年级的孩子》	焦晓骏	28.00
	110	《八年级的孩子》	钟　杰	28.00
	111	《九年级的孩子》	凌宗伟	28.00
国际教育系列	112	《美国教育面面观——一位特级教师眼中的美国教育》	邵淑红	35.00
教师软实力系列	113	《教师人际沟通力》	黄爱华　夏丽娟	38.00
	114	《班主任教导力》	黄爱华　戴诗银	38.00
	115	《教师执业道德力》	黄爱华　夏丽娟	38.00
名校系列	116	《从校本课程走向学校课程——锡山高中课程探索之路》	唐江澎等	35.00
	117	《让每个孩子都成志 ——清华附小主题阅读课程的实施探索》	窦桂梅	30.00
	118	《让每个孩子都成志 ——清华附小主题实践课程的实施探索》	窦桂梅	35.00
	119	《向着朝阳走去——清华附小合作办学实践探索》	窦桂梅	30.00
校长领导力系列	120	《学校细节管理的执行力》	林文明　王林发	30.00
	121	《校长智慧统筹的领导力》	谢耀丰　蔡丽姗 王林发	30.00
	122	《学校持续发展的研究力》	林文智　宋佳敏 王林发	30.00
	123	《学校和谐融洽的协作力》	陈一平　郭雪莹 王林发	30.00
	124	《学校教育提升的引领力》	谢文东　关敏华 王林发	30.00

系列	序号	书　　名	作者	定价
校长领导力系列	125	《学校团队成长的学习力》	黄纪　蔡美静 王林发	30.00
	126	《学校高效管理的创新力》	张　旭	30.00
	127	《学校成功管理的决策力》	邱黎明	30.00
	128	《高品质学校生长要素》	王益民	30.00
	129	《校长高效教学领导力提升策略》	徐世贵　郭文奇	30.00
新思维系列	130	《让后进生学习有后劲之36计》	严育洪	30.00
	131	《教育中的“不一定”——打破教育的19种思维惯式》	严育洪	30.00
教师修炼系列	132	《如何炼就课堂好声音——教师美嗓保健实用宝典》	薛建洲	30.00
	133	《与学生一起成长——90后教师的心路反思》	王　晗	30.00
	134	《教育，爱与宽容——教师心灵礼仪修炼》	许力争	30.00
教育家核心思想系列	135	《叶圣陶论写作》	叶圣陶 著 李怀源 选编	30.00
	136	《叶圣陶谈阅读》	叶圣陶 著 李怀源 选编	30.00
	137	《多元智能理论的本土化应用》	刘治富	30.00
	138	《大教育家最具施教力的教学思想》	白刚勋	30.00
学生心理解码系列	139	《在人生的春天播种 ——十四岁，写给青春的一封信》	白宏宽	30.00
	140	《孩子问题行为一点通 ——只有好老师才知道的学生心理谜底》	严育洪	30.00
教育管理力系列	141	《缔造唯美教育——延奎小学素质教育实施策略》	易增加	30.00
	142	《让普通学校崛起的20个细节 ——“生命为本”教育团队成长密码》	李其玉	30.00
	143	《“走”出教育的精彩：走动式学校管理文化构建》	罗　军	30.00
	144	《校长兵法：学校管理四十六计》	皮大鹏	30.00
班级文化系列	145	《活力班级的文化建设》	胡　珏	30.00
	146	《做幸福的班主任》	吕　丽	26.00
高效能教学系列	147	《高效能教师的10个好习惯（中学卷）》	张　瑾	30.00
	148	《让作文落地生根——提高写作实效的教学策略》	黄桂林	30.00
	149	《高效能作文教学5项修炼》	陈步华	30.00

系列	序号	书名	作者	定价
高效能教学系列	150	《高效能校长的10个好习惯》	张　勤	30.00
	151	《高效能教师的10个好习惯（小学卷）》	谢　英	30.00
	152	《高效能语文教学5项修炼》	王其华	30.00
新课程探索系列	153	《语文新课程的批判与重建》	葛桂斌	30.00
美国名师教学译丛	154	《美国名师游戏教学本土化应用：幼儿园》	（美）玛西娅 L. 泰特 著 胡珍　瞿菁　编译	30.00
	155	《美国名师游戏教学本土化应用：小学英语》	（美）玛西娅 L. 泰特 著 杨永华　张心影　编译	30.00
	156	《美国名师游戏教学本土化应用：小学数学》	（美）玛西娅 L. 泰特 著 谢艳红　编译	30.00
	157	《美国名师游戏教学本土化应用：小学科学》	（美）玛西娅 L. 泰特 著 刘丽萍　编译	30.00
	158	《美国名师游戏教学本土化应用：小学社会》	（美）玛西娅 L. 泰特 著 姜梅芳　编译	30.00
	159	《美国名师游戏教学本土化应用：小学音体美》	（美）玛西娅 L. 泰特 著 尹立志　编译	30.00
生态化校园系列	160	《文化管理——构建生态和谐校园的必由之路》	付全新	30.00
	161	《点燃学习的激情——构建校园生态化学习型组织》	杨树岳	30.00
	162	《课改突围——构建学校生态化教学体系》	杨树岳	30.00
教育新思考系列	163	《语文教育向何处去》	王　丛	26.00
	164	《教育，就是做好普通的事》	孙志毅	27.00
	165	《走出语文的偏见——让学生体悟文本的原义》	丛智芳	30.00
	166	《让语文教学更高效——批注式阅读教学探索》	韩中凌	30.00
	167	《读写互促——探寻学以致用的语文教学》	曹　龙	30.00
	168	《跳出数学教数学——用文化融通数学教学》	马建秀	27.00
信息化教学系列	169	《巧用白板教语文——信息技术与语文教学操作指南》	蒋丽清	30.00
	170	《跨越式实现高效课堂 ——信息技术与课程整合高效教学方案评析》	陈　玲　刘　禹	30.00

系列	序号	书　　名	作者	定价
教师必读系列	171	《教师必学的 16 堂修养课》	武宏伟	30.00
	172	《教师不可不知的教学心理效应》	叶勇军	30.00
	173	《班主任不可不知的管理效应》	奚一琴	30.00
	174	《教师不可不知的教育心理效应》	孙　媛	30.00
	175	《校长不可不知的管理效应》	谢申刚　张金豹	30.00
	176	《成为好教师的 7 项修炼》	王福强　李维华	30.00
	177	《如何让学生会学习》	龙　冰	30.00
	178	《如何让学生爱学习》	周震宇　许小燕	30.00
核心教学主张系列	179	《新生代语文名师核心教学主张》	许友兰	30.00
行思讲坛系列	180	《为了儿童的深度学习——问学课堂的建构与实施)》	潘文彬	45.00
	181	《灵动而朴素地教语文——潘文彬的微格教育生活》	潘文彬	30.00
	182	《师爱无疆——润泽学生心灵的教育故事》	侯忠彦	30.00
	183	《怎样反思更有效 ——促进教师专业发展的反思策略》	诸贝贝	30.00
	184	《成为高度自觉的教育者 ——写给后课标时代的数学教师》	许卫兵	30.00
	185	《哲思数学课》	刘全祥	30.00
	186	《智慧数学课——黄爱华教学思维的实践策略》	黄爱华	30.00
	187	《童趣数学课》	徐　芳	30.00
	188	《把学生教聪明》	严育洪	30.00
	189	《用语文的方式教语文 ——潘文彬教学主张与实践智慧》	潘文彬	30.00
	190	《怎样让阅读教学更有效 ——提升教学能力的十种读诵模式》	汪秀梅	28.00
	191	《让生命在润泽中起舞 ——当代小学生最需要的主题班会》	吴联星　罗　琳 冯卫东	30.00
	192	《让生命欢快拔节 ——当代中学生最需要的主题班会》	冯卫东　吴联星	30.00
	193	《课堂因生成而精彩——高效教学的生成智慧》	张文质	30.00
	194	《回到每一个人的生命化教育 ——张文质二甲中学教育行动录》	张文质	30.00
	195	《中小学生如何学会合作》	张玉彬　刘昕昱	40.00

系列	序号	书名	作者	定价
中国教育变革之路丛书	196	《百年树人师何为 ——教师队伍建设困顿与出路》	将丽珠　李玉向	30.00
	197	《入园何时不再难 ——学前教育困惑与抉择》	曾晓东 范　昕　周　慧	30.00
	198	《三尺书桌何处寻 ——流动人口子女教育困难与破解》	范先佐	30.00
	199	《苦旅何以得纾解 ——高考改革困境与突破》	郑若玲	30.00
	200	《择校纠结何时了 ——择校问题困局与治理》	曾晓东　周文海 曾娅琴	30.00
创新教学思想系列	201	《“大问题”教学的形与神》	黄爱华　张文质	30.00
教育漫笔系列	202	《课堂，诗意地栖居》	吴书华	30.00
教学提升系列	203	《有思想地教阅读 ——让学生学会品读文字真意》	王学东	30.00
教学全手册系列	204	《小学习作教学全手册》	郭家海	30.00
	205	《中学写作教学全手册》	郭家海	30.00
	206	《情境教学操作全手册》	冯卫东	35.00
	207	《合作教学操作全手册》	李春华	35.00
	208	《探究教学操作全手册》	周新桂	35.00
	209	《自主教学操作全手册》	诸葛彪	35.00
	210	《创新教学操作全手册》	王　玮	35.00
	211	《班主任工作全手册》	刘沛华	35.00
	212	《新教师工作全手册》	周震宇	35.00
	213	《学生心理健康教育全手册》	刘海莉　刘春杰	35.00
	214	《高效教学操作全手册》	马友平	35.00

系列	序号	书名	作者	定价
创新人才培养系列	215	《创新人才培养校园科普精品课程开发与指导——人大附中创新人才培养》	罗　滨	30.00
	216	《创新人才培养特色校本课程开发与创新人才培养——清华附中“国际安全下的科学技术”课程构建与实施》	王殿军　方　研 赵宏雁	30.00
	217	《创新人才培养：学校实验室建设与管理》	刘克文 杨发丽　杨　平	30.00
	218	《创新人才培养：数学探究活动开发与指导》	马云朋　韩继伟	30.00
	219	《创新人才培养：化学研究活动开发与指导》	王　磊	30.00
	220	《创新人才培养：物理探究活动开发与指导》	廖伯琴	30.00
	221	《创新人才培养：地理探究活动开发与指导》	张建珍　陈　澄	30.00
	222	《创新人才培养：生物探究活动开发与指导》	张迎春	30.00
	223	《创新人才培养：理念探索与思维突破》	王晶莹	30.00
新生代通派名师系列	224	《简约数学教学》	许卫兵	30.00
	225	《语文教学的本真——情意课堂展现母语之美》	吴建英	30.00
	226	《语文课堂的理想追求——欢快达成三维目标》	董一红	30.00
	227	《阅读教学的真髓——意象构建读出文学的真美》	祝　禧	30.00
	228	《美术教育的真谛——审美人生教育让生命绚丽成长》	陈铁梅	30.00
	229	《语文教学的理想境界——无痕教学润泽生命》	李　凤	30.00
	230	《儿童作文的本义——嬉乐作文让儿童乐并成长着》	王笑梅	30.00
	231	《名师是怎样炼成的》	王建明　王笑君	35.00
幼师成长系列	232	《幼儿行为背后——教师如何读懂幼儿的心思》	吴亚英	30.00
	233	《最具教育力的 22 种幼儿教育思想》	杨　达	30.00
	234	《幼儿教师必知的安全应急措施》	杨　达	30.00
	235	《幼儿教师必备的教育技能》	李　玲	30.00
	236	《卓越园长 21 条幼儿园管理策略》	周　丹　江东秋	30.00